MORALE
DE L'ADOLESCENCE

PAR

M. L'ABBÉ J.-E. GABRIEL

Ancien professeur, docteur en théologie, auteur de la *Morale de l'enfance*
et de plusieurs autres ouvrages classiques.

Donnez la science et l'habileté à l'adolescent.
Proverbes, 1, 4.

La science par excellence est celle de la vie ; l'éducation doit commencer toujours par ce qui est nécessaire à tous, dans tous les temps et dans toutes les positions. RENOUARD.

Ouvrage approuvé par Son Eminence le cardinal DONNET,
archevêque de Bordeaux
et par NN. SS. les Archevêque et Évêques d'Auch et d'Agen.

PARIS

LIBRAIRIE CLASSIQUE D'EUGÈNE BELIN
RUE DE VAUGIRARD, N° 52.

1878

SAINT-CLOUD. — IMPRIMERIE DE Mme Vo EUG. BELIN.

APPROBATIONS

Bordeaux, le 10 février 1876.

Mon très-cher Monsieur Gabriel,

J'aime singulièrement voir nos bien-aimés coopérateurs employer leur temps comme vous savez le faire depuis le jour de votre ordination. Après votre livre de *la Morale de l'enfance*, *la Morale de l'adolescence* trouvait sa place tout naturellement. Je vous félicite d'avoir insisté sur la différence qui existe entre l'instruction et l'éducation; la première pourrait devenir une arme dangereuse entre les mains de certaines gens. N'apprendre qu'à épeler des mots, à grouper des chiffres, sans faire connaître à l'enfant ce qu'il doit à Dieu, à la patrie, à la famille, à la société, ce n'est pas l'éducation.

On accuse si généralement et si injustement le prêtre de s'opposer à l'instruction des masses que vous avez bien fait de traiter les sujets les plus variés et les plus pratiques pour les mettre à la portée de toutes les intelligences. L'astronomie, la physique, la photographie, l'électricité, la chimie, le gaz sont des connaissances que beaucoup d'enfants devront à votre livre. Vous avez bien fait de prendre la chose également du côté moral en parlant des différents caractères. Vos anecdotes sont des plus intéressantes; à côté de la fable des *deux papillons*, vous pourriez placer celle *du papillon et du prisonnier*, pièce inédite de Silvio Pellico ou de l'un de ses compagnons d'infortune, je vous en ferai transcrire une copie.

Si j'ai tardé à vous écrire, c'est qu'à mon retour de la capitale que je n'avais pas revue depuis six ans, j'ai passé une semaine dans l'arrondissement de Blaye où j'ai visité deux paroisses chaque jour.

Tout à vous,

† FERDINAND, cardinal DONNET,
archevêque de Bordeaux.

Auch, le 13 sep'embre 1877.

Mon cher abbé,

Il est contraire aux usages de mon diocèse que je donne une lettre d'approbation pour des ouvrages qui ne sont pas composés par mes diocésains.

Cependant mes rapports si intimes avec le canton de Sainte-Foy me permettent de faire une exception en votre faveur et je m'associe de tout cœur, aux éloges et aux encouragements que vous avez reçus de son Éminence le cardinal archevêque de Bordeaux.

Je prie Dieu de récompenser vos efforts et de vous donner un plein succès. — Je crois que votre nouveau livre : *La Morale de l'adolescence*, est appelé à faire du bien.

Agréez, mon cher abbé, la nouvelle assurance de mes sentiments bien affectueux en Notre-Seigneur.

† PIERRE-HENRI,
archevêque d'Auch.

Agen, le 31 décembre 1877.

Monsieur l'abbé,

Je joins très-volontiers mon approbation à celle de son Éminence le cardinal Donnet, archevêque de Bordeaux, et je serai heureux de voir votre nouvel ouvrage : *La Morale de l'adolescence*, qui est la suite nécessaire de votre premier livre : *La Morale de l'enfance*, se répandre dans les écoles de mon diocèse, parce que je suis persuadé qu'il sera également utile à la jeunesse.

Recevez, Monsieur l'abbé, l'assurance de mon dévouement en Notre-Seigneur.

† JEAN-ÉMILE,
évêque d'Agen.

PRÉFACE

On convient généralement que l'ignorance est mauvaise pour tous; aussi, pour la combattre, on a créé les écoles. Mais c'est à tort qu'on a cru que savoir lire, écrire et compter était tout ce qui devait former l'intelligence des élèves.

La lecture n'est qu'un instrument, et les écoles auraient beau se multiplier, l'ignorance n'en persévérerait pas moins si l'enseignement donné aux élèves ne leur apprenait pas ce qu'ils ont surtout intérêt à savoir.

Tout enseignement qui n'apprend pas à agir avec sagesse et prudence manque à sa destination. C'est incontestable, et l'expérience de tous les jours ne montre que trop l'impuissance de l'instruction pour la réforme des mœurs et l'avancement d'un peuple dans une meilleure voie, ce qui est cependant le but essentiel d'un bon enseignement.

C'est que l'instruction sans l'éducation ne fera jamais, quoi qu'on dise, qu'un bien insignifiant. Un grand écrivain de notre siècle, dont le témoignage ne saurait paraître suspect de routine ou d'opposition, en a fait la remarque d'une manière aussi claire que judicieuse.

« La confiance, dit Spencer, dans les effets moralisa-
» teurs de la culture intellectuelle, que les faits contredisent
» catégoriquement, est absurde.

» En effet, quel rapport peut-il y avoir entre apprendre
» que certains groupes de lettres représentent certains
» mots, et acquérir un sentiment plus élevé du devoir?

» Comment la facilité de lire couramment des signes
» représentant des sons, pourrait-elle fortifier la volonté
» de bien faire?

» Comment la connaissance de la table de multiplication,
» ou la pratique de divisions, peut-elle développer le sen-
» timent de la justice?

» Comment des renseignements géographiques peuvent-
» ils accroître le respect de la vérité? Autant vaudrait dire
» que la gymnastique, qui exerce les mains et fortifie
» les jambes, sert beaucoup à rendre honnête, juste et
» vertueux[1]. »

L'école, a dit Fleury, n'est bonne qu'autant qu'elle sert
pour le reste de la vie[2]. Mais si l'école ne sert pas aux
élèves à devancer pour eux les leçons de l'expérience,
qu'on n'acquiert qu'avec les ans, à quoi peut-elle leur être
utile?

Ce n'est donc pas assez d'apprendre à l'école à lire, à écrire,
à calculer, à connaître un peu d'histoire et de géographie,
il faut y apprendre à juger sainement des choses, et surtout y acquérir le goût de la lecture et de bons principes
de conduite.

L'école doit préparer l'élève à aimer « tout ce qui est
vrai, honnête, juste, conforme aux bonnes mœurs[3], » de
manière que quand il quittera la classe pour entrer dans
le monde et y prendre un état, il ne soit pas exposé sans
défense ni sans principes, à suivre toutes les erreurs et
tous les préjugés qui viendront l'assaillir.

Il est donc d'autant plus important de faire de bonne
heure une grande part dans l'instruction à l'enseignement

1. *Morale de l'avenir*, par M. Caro, de l'Académie française.
2. *Choix des études*, XXV.
3. *Épître aux Philippiens*, IV, 8.

de la morale, que les élèves n'ont pas le loisir de fréquenter longtemps l'école, et que la morale forme la base
de l'éducation.

Ce livre n'est que la continuation de la *Morale de l'enfance*. On a tâché d'y inculquer par des explications et des
exemples, les préceptes qui sont les plus utiles à cet âge
de la vie qu'on appelle l'adolescence. C'est comme une
petite philosophie à sa portée. Qu'elle l'intéresse et la
dirige dans la bonne voie! Le but de l'auteur sera atteint.

MORALE

DE L'ADOLESCENCE

Importance de l'Instruction.

L'adolescence est comme une belle et tendre fleur, mais de même que c'est de la fleur que vient le fruit, de même c'est du bon ou du mauvais emploi des premières années que dépend ordinairement tout le cours de la vie[1].

La sagesse vaut mieux que l'or et l'argent[2], dit Salomon, et comme c'est la bonne et solide instruction qui donne la sagesse, c'est là aussi que les jeunes gens doivent aller puiser les lumières et les conseils qui leur montreront le bon chemin dans lequel ils doivent toujours marcher, s'ils veulent être toujours honnêtes et heureux.

1. Proverbes, XXII, 6.
2. Livre de la Sagesse, VII, 9.

L'aveugle de naissance qui n'a jamais vu le soleil qui a tant d'éclat et de beauté, est bien malheureux et bien digne de compassion !

Mais celui qui dans ce monde ne sait rien, vit sans se rendre compte de tout ce qui l'entoure, est aussi bien malheureux et bien à plaindre.

Lorsque le jour commence à paraître, on n'aperçoit à l'horizon qu'une pâle lueur qui s'appelle l'aurore ; mais, à mesure que le soleil monte, il inonde tous les objets de ses rayons ; alors le jour grandit et brille bientôt dans tout son éclat.

Ainsi, l'instruction, à mesure qu'elle se développe, éclaire aux yeux de l'esprit les choses qu'on ne voyait point d'abord, ou qu'on ne voyait que confusément, et finit par les faire apparaître dans un jour tout à fait éclatant.

Éléments de cosmographie.

Quel est celui, par exemple, qui croirait que le soleil, placé au centre du monde, qui nous paraît si petit, est un million de fois plus grand que la terre ; qu'il est immobile ; que c'est la terre qui tourne autour du soleil et non le soleil autour de la terre, comme son mouvement apparent le dit à nos yeux ; que sa distance de la terre est de plus de trente-quatre millions de lieues ; que, malgré cette distance infinie, sa lumière nous arrive en huit minutes environ, si la science ne nous avait point révélé toutes ces merveilles[1] ?

Cependant tout cela est très-vrai. S'il nous paraît si petit, ainsi que les étoiles qui ornent la voûte des cieux, c'est leur distance infinie qui en est la cause et qui produit à nos faibles regards cette illusion.

L'aigle, le roi des oiseaux, quand il vole dans les plus hautes régions de l'air, n'offre qu'un petit point noir à la vue, quoiqu'il déploie en entier ses immenses ailes.

Le vaisseau le plus grand n'apparaît au loin, sur la vaste étendue des mers, que comme un point presque imperceptible.

Oh ! que Dieu, qui a fait toutes ces choses, est puissant, et qu'il paraît grand surtout quand cet admirable flambeau vient nous rendre les rayons de sa clarté féconde !

1. D'après des expériences qui ont été faites, on a pu présumer de quelle matière est formé le soleil.

La lumière est le seul moyen de communication qui existe entre nous et lui ; mais cette lumière se compose d'une grande quantité de rayons, dont chacun contient un enseignement. Or, plusieurs de ces rayons sont de même nature que ceux que produisent certaines substances à l'état de flamme, d'où l'on conclut naturellement que ces mêmes substances existent dans le soleil à l'état incandescent, c'est-à-dire qu'il y a dans le soleil du fer, du chrome, du nickel, mais point d'argent, ni de cuivre, ni de zinc.

On le voit s'annoncer de loin par les traits de feu qu'il lance devant lui. L'orient paraît tout en flammes ; on entrevoit pour ainsi dire l'astre avant qu'il se montre ; à chaque instant on croit le voir paraître ; on le voit enfin.

Un point brillant part comme un éclair, et remplit aussitôt tout l'espace ; le voile des ténèbres s'efface et tombe.

L'homme reconnaît son séjour et le trouve embelli. La verdure a pris durant la nuit une lueur nouvelle ; le jour naissant qui l'éclaire, les premiers rayons qui la dorent, la montrent couverte de brillantes gouttes de rosée, semblables à des perles aux couleurs les plus vives et les plus variées.

Les oiseaux en chœur se réunissent et saluent de concert le Père de la vie et l'Auteur de tout bien.

En ce moment, pas un seul ne se tait ; leur gazouillement, faible encore, est plus lent et plus doux que dans reste de la journée ; il se sent de la langueur d'un paisible réveil.

Le concours de tous ces objets produit une impression qui pénètre jusqu'à l'âme. Il y a là une demi-heure d'enchantement auquel nul homme ne résiste : un spectacle si beau, si délicieux, n'en laisse aucun d'insensible.

Ce soleil, qui fait naître et mûrir les fruits, qui donne aux fleurs leur gracieuse parure, fait encore bien d'autres choses admirables.

La lumière. — Photographie.

C'est par la lumière que le soleil nous envoie, qu'on a trouvé le moyen de faire toute sorte de portraits et de tableaux en un instant.

Le miroir peut à la vérité représenter tous les objets,

Appareil de photographie.

mais il n'en garde pas les images ; elles s'effacent aussitôt que les objets disparaissent.

Mais, si ce miroir est un morceau de papier préparé et placé d'une certaine manière, alors il garde fidèlement l'image de tout ce qu'on a exposé devant lui [1].

1. L'appareil dans lequel on place le papier ou le verre préparé, est une boîte carrée de petite dimension, qu'on appelle chambre obscure. Les objets extérieurs viennent s'y réfléchir à travers une grosse lentille de verre placée à l'entrée du tube A B.

Ainsi un enfant pieux peut conserver les traits vénérés des bons auteurs de ses jours ; un ami ceux de son ami ou d'un généreux bienfaiteur, et jouir, en regardant leurs portraits, du doux plaisir de leur présence, comme lorsqu'il s'entretenait avec eux, et que la mort ou l'absence ne les en avait pas séparés. Cette précieuse découverte, c'est la photographie[1]. Elle est encore toute récente, mais la lumière possède sans doute beaucoup d'autres propriétés qui nous sont encore inconnues.

Un jour viendra où quelqu'un les découvrira, et ceux qui auront le bonheur d'en être les témoins, en seront remplis de joie et d'admiration.

L'électricité.

A côté de cette admirable invention, en voici une autre qui n'est pas moins utile, ni moins merveilleuse : c'est celle de l'électricité et des divers usages qu'on en fait.

L'électricité c'est quelque chose d'invisible, répandu partout, surtout dans l'air et qu'on nomme fluide électrique. Elle se trouve dans tous les corps à l'état latent, c'est-à-dire insensible, caché, qui ne paraît pas[2].

1. Cette belle découverte est due à L. Jacques Daguerre, né en 1788, mort en 1851.
2. Lorsqu'on frotte avec un morceau de drap un tube de verre ou un

En certain cas, elle se développe naturellement, comme dans les orages; dans d'autres cas, les savants ont trouvé des procédés avec lesquels on peut la produire.

Dans les orages, elle s'annonce avec fracas. Le ciel devient alors noir, les nuages s'amoncellent les uns sur les autres. Tout à coup l'éclair brille; c'est l'électricité qui passe d'un nuage dans un autre ou qui communique avec la terre.

Quand ce choc a lieu, l'air s'enflamme subitement, et une grande détonation se fait entendre; c'est le tonnerre dont la voix terrible ébranle l'univers. Tout tremble en ce moment. Les coupables ont peur; leur mauvaise conscience se réveille et leurs pensées se troublent, comme si le trait qui part du sein de la nue embrasée, devait tomber sur eux et les frapper mortellement.

Le paratonnerre.

Ce fluide si redoutable, dont la puissance renverse tous les obstacles, qui frappe du même coup le rocher escarpé et la tour altière, un savant, nommé Franklin[1],

bâton de cire à cacheter, si on leur présente ensuite des brins de paille, des barbes de plume, ils les attirent par l'influence de l'électricité que le frottement a développée.

1. Franklin Benjamin naquit à Boston, ville des États-Unis d'Amérique, en 1706, et mourut à Philadelphie, en 1790.

a su s'en rendre maître et a appris à le gouverner au moyen des paratonnerres.

Pour préserver les habitations des effets funestes de la foudre, Franklin imagina de placer sur les toits des édifices une longue barre de fer terminée en pointe, et qui aboutit par une chaîne de même métal à un puits pratiqué dans le sol.

Édifice avec un paratonnerre.

Cette barre de fer ainsi construite, s'appelle un paratonnerre.

Cet appareil a la propriété de garantir des effets de la foudre, en attirant à lui peu à peu le fluide électrique des nuages orageux qui sont placés dans son voisinage.

Le paratonnerre n'empêche pas toujours la foudre d'éclater ; mais, dans ce cas, elle suit de préférence la tige de fer qui est à sa portée, et alors le tonnerre tombe sans causer de dommages.

S'il en arrive, ils sont toujours moindres qu'ils ne le seraient en l'absence du paratonnerre.

Les arbres, les clochers, et, en général, tout ce qui est élevé et se termine en pointe, attirent particulièrement la foudre, c'est donc une très-grande imprudence de se mettre pendant l'orage sous ces abris dangereux.

Plusieurs personnes y ont trouvé une mort qu'elles auraient pu et su éviter, si elles avaient eu le bonheur d'aller à l'école où l'on apprend aux jeunes enfants les plus belles leçons de morale et les connaissances les plus utiles pour le bonheur de la vie.

Le télégraphe électrique.

Après avoir reconnu certaines propriétés de l'électricité, on s'en est servi pour une multitude de choses.

Une de ses plus étonnantes et importantes applications, c'est l'invention du télégraphe électrique, qui

permet de transmettre la parole avec la rapidité de l'é-
clair ou de la pensée.

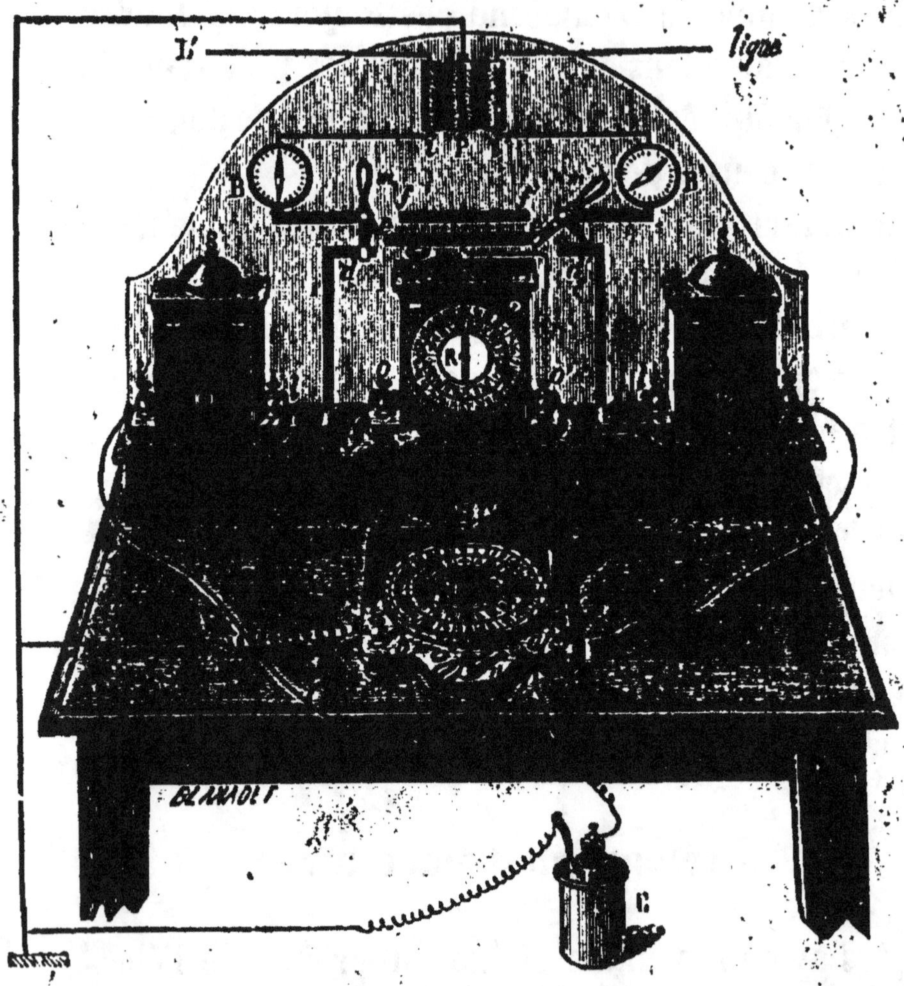

Appareil de télégraphie électrique.

Avec le télégraphe électrique, on peut envoyer à
plusieurs milliers de lieues, de Paris à Saint-Péters-

bourg, d'Europe en Amérique, en Afrique, en Asie, des nouvelles à un parent, à un ami, et en recevoir presque en même temps.

Avec le télégraphe, il n'y a plus de distances, et les services que ce genre de correspondances rend à l'humanité, sont incalculables.

La transmission de ces correspondances s'appelle dépêche. Le commerce, l'industrie sont chaque jour tributaires du télégraphe électrique, qui annonce si les navires chargés de passagers ou de marchandises sont arrivés à bon port ; si les récoltes en blé, vin, sucre, café, riz, coton, sont bonnes ou mauvaises dans tel ou tel pays.

Avec ces renseignements, le commerce prend alors les précautions nécessaires pour faire des provisions en conséquence, afin de diriger dans les pays qui manquent de certaines denrées, la surabondance qui existe dans les autres.

On établit ainsi dans les divers États du monde une égalité de provisions, qui est un grand bienfait pour l'humanité ; et l'on peut dire que ces fils télégraphiques posés sur terre ou couchés au fond des mers sont comme des porte-voix au service de tout le monde.

C'est par ces porte-voix que les hommes se commu-

niquent leurs besoins et se transmettent leurs joies
ou leurs inquiétudes[1].

La galvanoplastie.

Non-seulement l'électricité transmet les nouvelles

Appareil de galvanoplastie.

avec une étonnante rapidité, mais elle sait encore dorer
et argenter les métaux mieux que l'ouvrier le plus habile, et ce travail n'exige que quelques minutes.

1. Le télégraphe électrique est ainsi composé :

1° Un fil de fer ou de cuivre communique par une de ses extrémités
avec un réservoir d'électricité ; et, par l'autre extrémité, à une sorte de
pendule dont le cadran porte tout autour les vingt-quatre lettres de l'al-
phabet.

2° A l'extrémité du fil qui communique avec le cadran, est fixée une
aiguille qui tourne autour du cadran, et qui, lorsqu'on établit un courant
électrique entre deux bureaux, met l'aiguille en mouvement et la fait marcher sur la lettre qu'on veut désigner.

On écrit ces lettres au fur et à mesure qu'elles sont indiquées, et les
mots qu'elles ont formés donnent la substance de la dépêche.

Elle étend l'or et l'argent avec une délicatesse infinie sur des matières de peu de valeur, telles que le cuivre et le nickel, dont on fabrique des couverts de table et autres objets, imitant l'argenterie par la finesse, l'élégance et la ressemblance, et cependant d'un prix peu élevé [1].

Elle reproduit même des dessins avec une fidélité qui défie le ciseau du plus habile sculpteur ou le burin du plus parfait graveur.

C'est ainsi que l'esprit de l'homme parvient, au moyen de la science, à découvrir dans la série des âges et la suite des siècles, quelques-uns de ces secrets que Dieu a cachés dans le sein de ses œuvres, et dont la révélation enfante tant de merveilles. Tels sont les bienfaits que le monde doit à la science et aux savants.

L'air.

Dans cet air qui nous environne et qui est si indispensable pour vivre, que de choses surprenantes, et dont personne ne se douterait, si le hasard n'avait mis sur la trace de quelques-unes de ses propriétés et des puissants effets qu'il peut produire !

1. C'est le savant de la Rive qui a le premier appliqué l'électricité à la dorure et à l'argenture; mais ces procédés ont été perfectionnés par Ruolz, Elkington et autres physiciens.

Baromètre.

Un savant italien, nommé Torricelli[1], découvrit que l'air est pesant[2]. Il en fit l'expérience en construisant une pompe dans la ville de Florence.

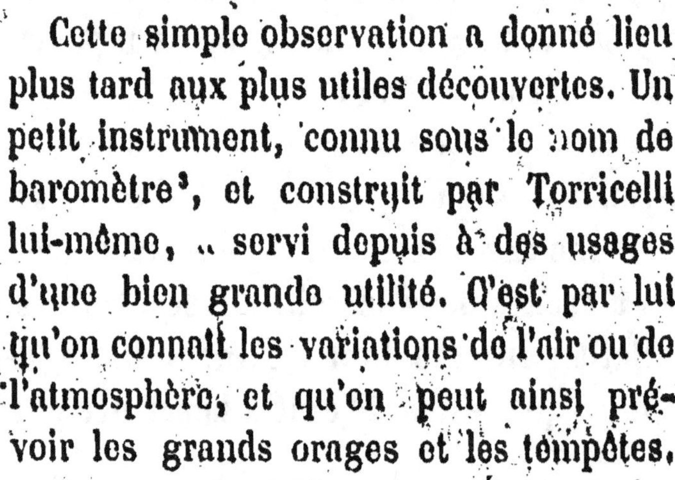
Baromètre.

Cette simple observation a donné lieu plus tard aux plus utiles découvertes. Un petit instrument, connu sous le nom de baromètre[3], et construit par Torricelli lui-même, a servi depuis à des usages d'une bien grande utilité. C'est par lui qu'on connaît les variations de l'air ou de l'atmosphère, et qu'on peut ainsi prévoir les grands orages et les tempêtes.

On pourrait, si l'ignorance avait encore moins d'empire dans les campagnes, mettre en sûreté et sauver bien souvent de la ruine, des récoltes qui ont coûté tant de sueurs et de labeurs, et qu'un ouragan terrible

1. Physicien italien, né en 1618, mort en 1647.
2. Pascal, savant français, mort en 1662, a trouvé qu'un litre d'air pèse 1 gr. 293 milligrammes.
3. Le baromètre est le plus souvent composé d'un long tube de verre, long d'un peu moins d'un mètre, fermé en haut, ouvert en bas. L'extré-

emporte en quelques minutes, ne laissant après lui que la désolation et la misère.

Le baromètre avait annoncé la tempête; mais ce mité du bout inférieur est recourbée et terminée par un petit réservoir. Lorsque le temps est beau, le mercure qui est dans le tube monte; lorsqu'il est à la pluie ou à l'orage, il descend. Ces variations sont indiquées par des degrés tracés à côté de la colonne de mercure.

Son invention est due à la circonstance suivante :

Le grand-duc de Toscane faisait construire en 1630 une fontaine à Florence. Les fontainiers avaient été obligés de faire un tuyau de pompe fort long, mais le piston ne descendait pas plus bas dans ce corps de pompe que dans les autres, quoique le tuyau fût au moins deux fois plus long. Aussi il arriva que la pompe ne donna pas une goutte d'eau malgré le va et vient répété du piston. L'eau ne monta qu'à trente-deux pieds dans le tuyau, qui en avait lui-même plus de soixante. Tout ce qu'on fit pour la faire monter plus haut fut inutile.

Alors on chercha à connaître la cause qui empêchait l'eau de s'élever à une plus grande hauteur. Torricelli soupçonna que l'ascension de l'eau dans le tuyau n'était due qu'à la pression de l'air lui-même.

Pour s'en assurer, il prit un long tube de verre fermé par un bout, puis il le remplit de mercure. Mettant ensuite un doigt sur le bout du tube qui n'était pas fermé, il releva le tube et le plongea dans une cuvette pleine de mercure.

Alors retirant le doigt appliqué sur l'ouverture du tube, il vit le mercure descendre d'une certaine quantité seulement, de telle manière qu'il forma une colonne de la hauteur de vingt-huit pouces ou soixante-seize centimètres au-dessus du vase dans lequel était plongée l'extrémité inférieure du tube.

Il en conclut que l'air seul faisait équilibre au mercure qui s'élevait dans l'intérieur du tube; que ce même air, par conséquent, faisait aussi équilibre à la colonne d'eau qui s'élevait dans la pompe; que si la colonne d'eau s'élevait à trente-deux pieds, tandis que le mercure ne s'élevait qu'à vingt-huit pouces ou soixante-seize centimètres, c'est que le mercure étant beaucoup plus pesant que l'eau, une colonne de mercure de cette hauteur avait la même force pour contrebalancer le poids ou la pression de l'air qu'une colonne d'eau de trente-deux pieds ou de dix mètres trente-trois centimètres. Telle fut l'origine du baromètre.

petit instrument, si joli et à bon marché, ne se trouve guère que comme ornement dans quelques châteaux ou quelques maisons riches [1].

Les gens de la campagne ne peuvent donc le consulter, et ses indications sont vaines pour le plus grand nombre des cultivateurs. Aussi ils sont souvent les tristes victimes d'une négligence dont ils se garderaient, s'ils pouvaient en savoir d'avance les funestes suites.

Oh ! que la science est une bonne et belle chose, et de combien de richesses les hommes intelligents lui sont redevables !

Cet instrument, si simple et si petit, rend encore, chaque jour, les plus grands services, car il sert à mesurer la force de la vapeur. Appliqué à cet usage, il prend le nom d'éprouvette.

Avec cela les bateaux à vapeur s'aventurent tranquillement sur la vaste étendue des mers ; avec cela, les voitures des chemins de fer s'avancent en assurance sur leurs lignes ferrées, avec une extrême rapidité, car il mesure, à chaque moment, la force de cette vapeur qui emporte tout avec une vitesse effrayante.

Dans les grandes usines où les travaux s'exécutent avec des machines à vapeur, cet instrument fait l'office

---

1. Il serait à désirer qu'il y eût un baromètre dans chaque école publique, pour en apprendre aux élèves l'usage et l'utilité.

d'une sentinelle qui rassure les ouvriers et pourvoit à leur sécurité.

Sans ce guide aussi fidèle que vigilant, qui oserait confier sa vie à ces chars de feu gigantesques, dont le moindre éclat répandrait bien vite la dévastation et la mort ?

C'est ainsi que les inventions les plus futiles en apparence sont entre les mains de l'homme le fondement de la richesse et de la prospérité des nations.

Quelques gouttes d'eau, en effet, réduites en vapeur, et un léger instrument qui permet d'en calculer la puissance et d'en utiliser la force, ont changé la face du monde par l'application de la vapeur à l'industrie, à la navigation et aux chemins de fer.

Aérostats.

Connaissant la pesanteur de l'air, l'homme a essayé de disputer aux oiseaux leur propre empire, et de parcourir sans ailes les régions de leur vaste domaine.

On a trouvé un gaz qui est quatorze fois environ moins pesant que l'air : c'est le gaz hydrogène.

Alors on a imaginé d'introduire ce gaz dans une enveloppe gommée et de l'y retenir captif, afin d'atteindre ces hauteurs accessibles seulement aux ailes des oiseaux.

Comme le liége mis au fond de l'eau remonte à sa surface, parce qu'il est plus léger que l'eau, ainsi le ballon rempli de gaz hydrogène monte rapidement vers les hauteurs, parce que l'air ne peut opposer de résistance à sa légèreté.

Mais le ballon, en s'éloignant de la terre, peut porter

Aérostat.

des poids considérables, s'il est construit sur de vastes dimensions[1].

La science a su tirer parti de cet avantage, et on a

1. Les ballons sont recouverts d'un filet. A l'extrémité des cordes dont ce filet se compose, on attache une corbeille ou nacelle destinée à recevoir les voyageurs. Ceux qui montent dans cette nacelle sont les aéronautes. Pour remplir le ballon de gaz hydrogène, on se sert d'appareils faits exprès.

fait l'application la plus heureuse dans certaines circonstances.

Lorsqu'en 1870 les armées ennemies entouraient Paris et le serraient si étroitement derrière ses remparts; lorsque la France gémissait d'être ainsi séparée de sa grande et noble capitale, sa gloire et son orgueil, Paris prit des ailes pour rompre les lignes ennemies et venir nous dire ses luttes et ses espérances.

Avec quel bonheur, tous les Parisiens voyaient s'élever dans les airs cette machine légère, qui emportait dans ses flancs tant de vœux et tant de patriotiques encouragements, et que les menaces de l'ennemi étaient impuissantes à arrêter!

Avec quelles acclamations, les populations saluaient à son passage dans les airs, ce cher et triomphant messager, et avec quel empressement tous les bras se tendaient vers lui pour le recevoir lorsqu'il descendait à terre!

C'est donc encore l'air qui servait d'intermédiaire entre les Parisiens assiégés et leurs frères des départements, et qui contribuait à adoucir les douleurs de leur rigoureuse séparation.

Gloire donc à Dieu qui a donné aux hommes le pouvoir d'accomplir de telles œuvres par l'intermédiaire de la science!

Instruments de musique.

Cet air, qui est si léger que nous le sentons à peine, est doux comme la brise ou le zéphyr, terrible comme l'ouragan, tendre, gracieux, plaintif ou guerrier, comme l'on veut, au moyen d'un instrument.

C'est bien l'air en effet qui, sous l'archet du violon, la corde de la lyre, dans le corps de la flûte, de la clarinette, du hautbois, du cornet, du tambour, du fifre,

Instruments de musique.

du flageolet, en un mot de tous les instruments de musique, rend des sons que l'habileté de l'homme a su varier pour exprimer les sentiments de l'âme, pour nous attendrir, nous réjouir, inspirer le courage et exciter toutes les inclinations nobles et généreuses du cœur.

Il a suffi pour produire ces heureux effets d'un morceau de bois ou de cuivre, disposé de manière à diriger l'air d'une certaine façon, pour le faire résonner mélodieusement aux oreilles.

On a inventé beaucoup d'instruments de musique dont chacun a un son particulier. Quelques-uns rendent des sons graves et forts, d'autres des sons doux et gracieux.

Mais, malgré l'immense variété des sons qu'ils produisent, qui sait tous les instruments qu'on inventera encore à l'avenir, et qui surpasseront peut-être par la gravité ou la grâce de leurs sons, tous ceux qu'on a faits jusqu'à présent !

Cependant il suffira toujours à un musicien d'agiter l'air au moyen d'un instrument pour faire naître dans l'âme la tristesse ou la joie, tant il est vrai que Dieu a tout fait avec poids, nombre et mesure[1] !

Histoire d'un musicien.

Pauvre petit ! pars pour la France.
Que te sert mon amour ? je ne possède rien.

1. Livre de la *Sagesse*, xi, 21.

On vit heureux ailleurs ; ici, dans la souffrance ;
Pars, mon enfant, c'est pour ton bien.
Laisse ta pauvre mère, enfant de la Savoie ;
Vas, mon enfant, où Dieu t'envoie [1].

Ainsi parlait à son enfant une pauvre mère, veuve,

Et l'enfant s'en allait à travers les grands chênes,
Se tournant quelquefois et n'osant pas pleurer.

Depuis son départ du hameau, plusieurs années s'étaient écoulées sans qu'il eût reparu.

Une nuit de Noël, il y avait fête au village de Valcreuse, situé dans le fond d'une vallée de la Savoie.

Toutes les familles de Valcreuse se trouvaient réunies chez la mère Bruno, car presque tous les habitants du village étaient ses parents.

Voilà que tout à coup on entendit retentir au dehors, au milieu de la nuit, tim-tum-ti ! tim-tum-ti !
C'était évidemment les cordes d'un instrument, comme un violon ou une guitare que l'on pinçait avec les doigts.

Comment pouvait-il se faire qu'à une pareille heure, dans le petit village de Valcreuse, un musicien fût venu s'égarer ?

Tim-tum-ti ! fit encore l'instrument, coupant court

1. *Le petit savoyard*, par Guiraud.

aux réflexions, et presque aussitôt une voix s'accompagnant d'un violon, se mit à chanter un *Noël* du pays.

La voix chantait bien, le violon jouait parfaitement, on était ravi. Après avoir écouté en silence, on applaudit très-vivement, et la moitié de la compagnie se leva pour aller chercher le musicien. Un instant après, on l'amenait en triomphe.

C'était un jeune homme, ayant une grande barbe, vêtu d'habits assez grossiers, mais propres; portant une petite besace et son violon. La joie de chacun s'en trouva tout à coup doublée. On aurait de la musique, on chanterait!

Il joua tous les airs favoris de la Savoie, ceux qu'on aimait le plus à Valcreuse. Chacun était surpris de voir qu'il les savait si bien, autant qu'enchanté du sentiment avec lequel il les jouait.

Quand le violon se tut, la mère Bruno déclara qu'elle se trouvait fort émue par cette musique, et que depuis longtemps elle n'avait éprouvé autant de plaisir.

La cousine Marthe fut du même avis. Elles remercièrent très-vivement le musicien qui le leur avait donné.

Oh! ne me remerciez pas, dit-il, j'ai eu autant de plaisir que vous. Il parlait lentement et comme avec peine, tenant son violon sur ses genoux. De temps en temps sa main pinçait par distraction les cordes qui faisaient entendre tim-tum! tim-tum!

L'heureuse famille que vous avez là, dit-il à la mère Bruno!

Oui, heureuse, répondit Marthe. Tous honnêtes et laborieux; gagnant bien leur vie en travaillant, et point d'ambition. C'est bien là le vrai bonheur. Elle s'arrêta et soupira.

Tim-tum-ti! Tim-tum-ti! fit le violon.

— Et pourtant, reprit Marthe, s'arrêtant comme suffoquée.

— Et pourtant, fit la mère Bruno, comme un écho.

Il vous manque donc quelqu'un répondit le musicien.

Hélas! oui, dirent-elles toutes les deux; il nous manque nos fils.

Et où sont-ils?

Ils font leur tour de France, dirent les deux femmes à la fois. Voilà bien des années qu'ils nous ont quittées, et nous pleurons leur absence.

À ces mots le musicien se leva, vivement agité. On ne savait ce qu'il allait faire, quand debout au milieu de la salle, il se mit à jouer sur son violon la complainte de l'enfant prodigue. Puis il entonna d'une voix tremblante le couplet où l'enfant prodigue de retour à la maison paternelle s'écrie :

> Voici, mon père, à genoux,
> Un fils indigne de vous.

Il ne put aller plus loin, tant il était ému ; il se tut.

Après un moment de silence, il dit en regardant la mère Bruno et Marthe : il vous manque deux personnes, attendez, mon violon est un peu magicien, il va les appeler.

Disant cela, il alla ouvrir la fenêtre, et se mit à jouer un air qui attendrit tout le monde. Un moment après, on entendit dehors le son d'une vielle qui vint mourir devant la porte.

Les voilà ! s'écria le musicien, et, sortant subitement, il revint accompagné d'un jeune homme, mis comme lui et portant la vielle qu'on venait d'entendre.

Marthe poussa un cri, en reconnaissant son fils ; l'autre, le joueur de violon, était le fils de la mère Bruno. Ah ! il me semblait le reconnaître, disait la mère Bruno. Eh bien ! moi, j'ai reconnu le mien tout de suite, dit Marthe toute radieuse. Et là-dessus les embrassades commencèrent. Tous se réjouissaient du retour de ces deux enfants de Valcreuse, absents du pays depuis plusieurs années, qui y revenaient, en célébrant par de doux accords cette heureuse nuit, où il fut dit au monde par des anges : « Gloire à Dieu au plus haut des cieux et paix sur la terre aux hommes de bonne volonté[1] ! »

Chimie.

Avant qu'une étude approfondie de la nature eût révélé les belles choses qui font maintenant le sujet de notre admiration, on se contentait de jouir de la vue générale des œuvres de Dieu, sans se douter des choses merveilleuses qui s'y trouvaient cachées.

Comme un aveugle passe devant le plus bel objet du monde sans en être touché, parce qu'il n'en soupçonne pas même l'existence, ainsi passe encore aujourd'hui devant toutes les belles découvertes de la science celui qui ne veut pas se donner la peine d'apprendre.

Tout le monde, il est vrai, n'a pas le temps de s'appliquer à tout savoir, mais personne cependant ne doit rester étranger à ces grandes inventions qui ont changé la face de la terre, et fait faire d'immenses progrès à la civilisation moderne.

Qui aurait pu croire qu'un caillou, qui n'est qu'un charbon, tiré du sein de la terre, fût capable de nous

1. Luc, II, 14.

donner une lumière dont l'éclat est resplendissant comme le jour? C'est cependant ce qui est arrivé.

Ce charbon de terre, qu'on appelle la houille, et qui n'était employé que dans le noir fourneau du forgeron pour travailler le fer, a servi à nous donner cette belle lumière qu'on appelle le gaz et qui éclaire si bien.

Dès qu'on a eu reconnu la propriété qu'avait la houille de contenir une matière subtile comme l'air, et pouvant brûler en donnant une flamme vive, on n'a pas tardé à trouver le moyen de l'employer à l'éclairage des maisons, des édifices, des rues et places publiques. Qui n'a eu occasion d'admirer, dans les grandes villes surtout, ces jets nombreux de lumière qui brillent dans les beaux et riches quartiers comme de petites étoiles au milieu de l'obscurité de la nuit?

Avec cette même houille si noire, de si peu de valeur, on fait encore des couleurs les plus belles qu'on connaisse.

Celui qui a fait luire la lumière du sein des ténèbres[1], a bien pu faire sortir des veines d'un caillou impur des richesses capables d'éblouir nos regards, et de nous faire dire : « C'est l'ouvrage du Seigneur et il est admirable à nos yeux[2]. »

1. II Cor., IV, 6.
2. Psaume CXVII.

Combien de remèdes précieux l'humanité doit encore aux découvertes de la science! La chimie, en étudiant tous les éléments dont se composent les végétaux et les minéraux, est parvenue à en reconnaître les propriétés et l'usage qu'on peut en faire dans certaines maladies.

« C'est le Très-Haut, dit Salomon, qui fait produire » à la terre les remèdes à nos maux. Il a voulu que » les hommes s'appliquassent à connaître les vertus des » plantes et qu'ils eussent la science de ses secrets » pour l'honorer dans ses merveilles, les faire servir à » calmer nos douleurs et à les guérir[1]. »

L'agriculture, qui est la mère nourrice du genre humain, n'attendait que le moment où l'on aurait mieux appris à découvrir les qualités particulières des plantes, des terrains qui leur conviennent le mieux, des engrais qui leur sont propres, pour que la terre nous donnât avec profusion ses inépuisables trésors.

En admirant les riches moissons qui couvrent les plaines, les beaux vignobles qui tapissent les coteaux, les riantes prairies où paissent les troupeaux, il faut penser que nous devons l'abondance de ces produc-

1. Eccli., xxxviii, 4, 6, 7.

tions variées à la science de la chimie, qui explore tout dans la nature pour faire tourner toutes choses à notre avantage, et les faire servir à nos besoins comme à nos plaisirs.

Connaissance de Dieu.

Si à l'œuvre on reconnaît l'ouvrier, quel grand ouvrier est celui dont le monde est l'ouvrage ! « Or, c'est
» Dieu, dit encore Salomon, qui a créé cette face du
» ciel si belle, si pleine de grandeur ;

» Ce soleil qui, dès qu'il s'annonce, inonde la terre
» de ses rayons éblouissants ;

» L'astre des nuits dont la lumière va d'abord en
» croissant et diminue ensuite jusqu'à ce qu'elle ait
» disparu complétement ;

» L'armée des étoiles qui, comme un camp dressé
» dans le haut du firmament, fait l'ornement des
» cieux.

» C'est par le commandement de l'Éternel qu'elles
» se maintiennent dans leur ordre et ne se lassent
» point d'être dans leur rang.

» C'est lui qui étend l'arc-en-ciel comme un cercle
» majestueux et le fait éclater avec une admirable
» beauté.

» C'est lui qui envoie la neige par son commande-
» ment, lance les éclairs comme bon lui semble.

» La voix de son tonnerre frappe la terre d'épou-
» vante ; que peut-on en dire pour le glorifier ? car il
» est plus grand que ses œuvres.

» Il est terrible et souverainement grand, et sa
» puissance est infinie.

» Qui est-ce qui l'a vu ? Et qui pourrait dire ce qu'il
» est.

» Il sonde l'abîme et le cœur ; il découvre les ruses
» des hommes ; car le Seigneur connaît tout ce qui
» peut se savoir, et il voit jusqu'au bout de l'éter-
» nité.

» Il annonce les choses passées et les futures ; il dé-
» couvre les traces de celles qui sont cachées.

» Nulle pensée ne lui échappe, nul propos ne peut
» être dérobé à sa connaissance.

» On ne peut ajouter rien à ce qu'il est, ni en rien
» ôter ; il n'a pas besoin de conseiller.

» C'est le Seigneur qui a fait toutes choses et qui
» donne la sagesse à ceux qui le craignent[1]. »

Ces paroles de Salomon résument les grandeurs et
les perfections infinies de Dieu qui, tout caché qu'il est
à nos yeux, parce que Dieu est un esprit, nous révèle

____

1. Eccli., XLII et XLIII.

non-seulement son existence, mais encore sa gloire par le témoignage des cieux, de la terre et des mers.

> Tout l'univers est plein de sa magnificence,
> Son nom ne périra jamais.
> Le jour annonce au jour sa gloire et sa puissance;
> Chantons, publions ses bienfaits.
>
> Il donne aux fleurs leur aimable peinture;
> Il fait naître et mûrir les fruits;
> Il leur dispense avec mesure
> Et la chaleur des jours et la fraîcheur des nuits.
> Le champ qui les reçut les rend avec usure.
>
> Il commande au soleil d'animer la nature,
> Et la lumière est un don de ses mains.
> Mais sa loi sainte, sa loi pure,
> Est le plus riche don qu'il ait fait aux humains[1].

Connaissance de soi-même.

Si les œuvres de Dieu sont si bien connues, c'est cependant à ce qu'il y a de plus faible dans l'univers, c'est-à-dire à l'homme, qu'on en est redevable.

» L'homme n'est qu'un roseau le plus faible de la » nature; mais c'est un roseau pensant. Il ne faut pas

---

1. Racine, *Athalie*, acte 1er, scène IV.

» que l'univers entier s'arme pour l'écraser. Une goutte
» d'eau, une vapeur suffit pour le tuer.

» Mais, quand l'univers l'écraserait, l'homme serait
» encore plus noble que ce qui le tue, parce qu'il sait
» qu'il meurt, et l'avantage que l'univers a sur lui,
» l'univers n'en sait rien [1]. »

C'est en considérant la puissance que Dieu a donnée

Vaisseau à voiles et à vapeur.

à l'homme qu'on peut dire : « Qu'est-ce que l'homme,
Seigneur, pour que vous l'ayez ainsi glorifié [2] ? »

Sans l'homme, en effet, l'univers serait un désert,
mais avec lui le monde change de face.

La terre se couvre de maisons, de villes, de villages.

1. Pascal, Pensées, IV, 6.
2. Psaume VIII, 5.

La mer porte sur ses eaux une quantité innombrable de vaisseaux, qui la sillonnent dans toutes les directions, allant vers les contrées lointaines. Les montagnes les plus élevées sont percées à jour pour donner passage à des routes et à des chemins de fer. Des canaux gigantesques sont creusés par la main de l'homme pour unir tantôt des mers, tantôt des fleuves et des rivières.

Pourquoi un être aussi faible, aussi fragile que la créature humaine a-t-il une si grande puissance?

C'est qu'il porte en lui un principe divin, qui lui permet d'exécuter de si grandes choses. Ce principe, c'est l'âme. Tel est le secret de sa puissance.

Spiritualité de l'âme.

Quelque admirable que soit l'organisation du corps humain, on sent que les éléments qui entrent dans sa formation, les os, la chair, le sang et les humeurs, ne sont que des choses matérielles, incapables par elles-mêmes de voir, de penser, de sentir, d'entendre et de raisonner.

Il faut donc que l'esprit ou l'âme soit immatériel, et quoique nous ne puissions pas voir l'âme, la sentir, la toucher de nos mains, elle révèle sa présence par la vie qu'elle communique au corps auquel Dieu l'a unie, et par les œuvres qu'elle fait exécuter.

Ainsi les organes du corps ne sont que des instruments qu'elle fait agir comme elle veut et quand il lui plaît.

Si le corps vient à perdre un ou plusieurs de ses membres, comme un bras, une jambe, l'âme n'est pas diminuée pour cela, la pensée est aussi entière dans un corps mutilé que dans celui qui est pourvu de tous ses membres.

Si nous entendions dans une chambre, derrière un rideau, les sons doux et harmonieux d'un violon, qui pourrait croire que le violon tout seul produirait ces sons harmonieux et agréables ? Qui ne s'écrierait plutôt, sans aucun examen, que c'est une main savante qui fait aller cet instrument [1] ?

Il en est de même de nos sens. Ils sont par eux-mêmes aussi incapables de voir, d'agir et de sentir, qu'un violon de faire entendre un air sans le secours d'une main qui le fasse aller. Pareillement, les organes de notre corps ne remplissent leurs fonctions qu'autant que l'âme leur donne le mouvement et la vie. C'est elle qui en fait agir les ressorts aussitôt que nous voulons produire une action et prépare à l'instant même les

1. Fénelon, *Traité de l'existence de Dieu.*

membres à l'accomplir, comme lorsque nous avons la volonté de nous promener, nos jambes se remuent et nous marchons ; lorsque nous voulons fermer les yeux, les paupières s'abaissent[1].

Ainsi le corps est toujours disposé à obéir au premier mouvement de l'âme, quand il ne rencontre aucun obstacle à l'accomplissement de la volonté.

Il n'y a que Dieu qui ait pu établir une union si intime entre l'âme et le corps, car Dieu est tout-puissant, et, rien qu'à voir tout ce qu'il a fait en nous, il est juste de reconnaître que sa sagesse est infinie et que personne ne pourra jamais en sonder la profondeur[2].

Facultés de l'âme.

Mais la volonté n'est pas la seule fonction de l'âme. Nous ne pouvons, en effet, vouloir que ce que nous connaissons. Or, pour bien connaître une chose, il ne suffit pas de la voir, de la distinguer d'une autre ; il faut encore savoir s'en rendre compte.

Cette faculté, toute particulière à l'âme, s'appelle intelligence ; elle est en quelque sorte l'œil de l'âme. C'est par elle que nous jugeons des choses ; que nous

1. Descartes, *des Passions de l'âme,* 1re partie.
2. Psaume CXXXVIII.

en apprécions les qualités bonnes ou mauvaises ; en un mot, que nous sommes doués de raison, et responsables devant Dieu et notre conscience de nos actions.

De la manière dont nous comprenons les choses dépend la droiture de la volonté. Aussi il faut s'exercer à bien penser pour ne pas s'exposer à se tromper par sa faute, et afin d'acquérir cette rectitude d'esprit, qui caractérise ce qu'on appelle une bonne tête, qualité si précieuse et si justement admirée, que « L'homme n'est estimé qu'en proportion de son bon sens ; et que celui qui n'a pas le sens droit, tombe dans le mépris[1]. »

Règles pour bien juger.

Celui qui veut agir avec prudence doit éviter la précipitation, l'illusion des sens et des passions.

Quand on va trop vite, on voit mal les choses, parce qu'on ne se rend pas compte de ce qu'il y a quelquefois de plus essentiel, et on commet ainsi très-souvent de grandes méprises.

L'orgueil, qui aveugle l'âme ; la colère, qui la trouble ; l'envie, qui la ronge, et toutes les mauvaises pas-

1. Proverbes, XII, 8.

sions qui altèrent et obscurcissent la lumière de l'esprit, font faire de grandes fautes, parce qu'on juge mal tout ce qui contrarie les passions.

Aussi l'Evangile nous dit : « La lampe de votre corps » est votre œil. Si votre œil est simple, tout votre » corps sera lumineux.

» Si, au contraire, votre œil est mauvais, tout votre » corps sera dans les ténèbres [1], » c'est-à-dire que si nous jugeons avec un cœur droit, notre conscience sera pure, mais que si nous jugeons avec un cœur mal disposé, notre conscience ne sera pas exempte de péché.

« Voilà pourquoi il y a tant d'esprits faux, qui rai- » sonnent mal, qui prennent toutes choses par leur » mauvais côté, qui se laissent emporter par la fougue » de leur caractère, qui décident sans hésiter de ce » qu'ils ne connaissent pas, qui s'entêtent dans leur » manière de voir avec tant d'opiniâtreté qu'ils n'é- » coutent rien de ce qui pourrait les détromper.

» La plupart des fautes qu'on commet, des querelles » injustes, des procès mal fondés, des avis téméraires, » ne viennent que de cette source [2]. »

Il est donc très-utile de travailler de bonne heure

1. Matthieu, VI, 22 et 23.
2. Rollin, Traité des études.

à bien penser, puisque c'est le principe de la morale[1].

Ceux qui donnent entrée en leur esprit par de mauvais discours, la lecture de mauvais livres, à de fausses idées, se rendent coupables d'une faute qui souvent coûte bien cher.

Ceux qui parlent ou agissent sans réflexion, sans considérer les suites que peuvent avoir leurs paroles ou leurs actes, manquent de prudence et de discernement. Aussi il leur arrive plusieurs fois d'avoir à se repentir de leur étourderie et de leur emportement.

Ceux qui négligent d'apprendre à donner une bonne direction à leur esprit pour gouverner sagement leur conduite, démêler le vrai du faux, se font un tort immense qu'ils auront peine à réparer dans un âge plus avancé, car le temps perdu ne revient plus.

La fontaine et le passant.

(Fable.)

Un passant avait soif, il trouve une fontaine.
Tout autre se fût mis à boire promptement.
Mais ce qu'on ne croira peut-être qu'avec peine,

1. Pascal, Pensées, IV, 6.

Notre homme fit tout autrement.
Laissons couler cette eau, dit-il, et tout à l'heure
Il en pourra sortir une qui soit meilleure.
    Il attend donc, mais vainement :
    L'eau ne change pas de nature.
    N'importe, toujours il attend
    Qu'elle devienne encore plus pure.
    Bref, le bonhomme attendit tant,
    Qu'il vit enfin tarir la source,
Et qu'il ne trouva plus pendant toute sa course,
De quoi calmer la soif qui devint son tourment.

De maint et maint enfant ce passant est l'image ;
Pour orner leur esprit, ils ne font nul usage
    Des heureux jours de leur printemps.
    Ils attendent un plus bel âge ;
Ce bel âge s'enfuit, ils n'y sont plus à temps.

Le travail.

Comme, en définitive, on n'arrive à rien qu'en travaillant, en prenant de la peine ; que c'est au travail qu'on doit les magnifiques découvertes dont nous sommes aujourd'hui les témoins, et que le travail est la condition indispensable pour réussir dans toute entreprise, il faut s'y appliquer de tout son cœur et de bonne heure.

« Un homme, dit Jésus dans l'Evangile, partant pour un voyage, appela ses serviteurs et leur remit ses biens.

» A l'un il donna cinq talents ; à un autre, deux ; à un autre, un ; à chacun selon sa capacité, et il partit aussitôt.

» Or, celui qui avait reçu les cinq talents s'en alla, les fit valoir et en gagna cinq autres.

» De même, celui qui en avait reçu deux, en gagna deux autres.

» Mais celui qui n'en avait reçu qu'un, s'en alla faire un trou dans la terre et y cacha l'argent de son maître.

» Longtemps après, le maître de ces serviteurs revint et leur fit rendre compte.

» Alors, celui qui avait reçu cinq talents s'approchant, présenta cinq autres talents, disant : Maître, vous m'avez remis cinq talents, en voici cinq autres que j'ai gagnés de plus.

» Son maître lui répondit : Très-bien, serviteur bon et fidèle, parce que tu as été fidèle en peu de chose, je t'en confierai beaucoup plus ; viens prendre part à la joie de ton maître.

» Celui qui en avait reçu deux se présenta aussi et

dit : Vous m'avez remis deux talents, en voici deux autres que j'ai gagnés en sus.

» Son maître lui répondit : Très-bien, serviteur bon et fidèle, parce que tu as été fidèle en peu de choses, je t'en confierai beaucoup plus ; viens prendre part à la joie de ton maître.

» Celui qui n'avait reçu qu'un talent, s'approchant à son tour, dit : ... J'ai été cacher votre talent dans la terre : le voici, je vous rends ce qui est à vous.

» Son maître lui répondit : Serviteur mauvais et paresseux,... il fallait remettre mon argent aux banquiers, et, à mon retour, j'aurais reçu ce qui est à moi avec l'intérêt.

» Qu'on lui reprenne donc le talent et qu'on le donne à celui qui en a dix [1]…. »

Le sens de cette parabole de l'Evangile est facile à comprendre.

C'est de Dieu que nous avons reçu tout ce que nous sommes et tout ce que nous avons [2], car c'est de lui que vient toute grâce excellente et tout don parfait [3].

1. Matthieu, xxv.
2. I Corinthiens, iv, 7.
3. Saint Jacques, i, 17.

A celui qui aura plus reçu, il sera plus demandé; mais chacun est tenu de faire valoir le talent qui lui a été confié, selon sa condition.

Beaucoup cependant font comme le mauvais serviteur de l'Évangile. Ils enterrent leur talent et ne lui font rien rapporter :

Soit parce qu'ils ne s'exercent pas selon la mesure de leurs forces, qu'ils perdent leur temps, lorsqu'en l'employant bien ils pourraient se procurer ce dont ils ont besoin pour leur nourriture, leur entretien et celui de leur famille ;

Soit parce qu'ils ne font pas avec assez d'attention leur travail et que souvent ils travaillent sans ordre et avec négligence.

Les travailleurs.

« Celui qui travaille d'une main lâche s'appauvrit, mais la main des diligents enrichit[1]. »

Jésus a dit aussi dans l'Évangile : « On donnera à celui qui a, et il aura plus encore ; mais à celui qui n'a pas, même ce qu'il semble avoir, lui sera ôté[2], » pour nous faire comprendre que la diligence et le soin en

1. *Proverbes,* x, 4.
2. *Matthieu,* xxv.

toutes choses enrichissent davantage, et que la non-chalance et le trop grand amour du repos appauvrissent de plus en plus.

Combien sont coupables ceux qui passent leur temps sans rien faire ! Le maître des serviteurs de la parabole de l'Evangile leur dit, en leur remettant les talents : » *Faites-lés valoir jusqu'à mon retour* [1], » pour nous faire comprendre que pendant toute la vie il faut travailler ; qu'elle ne nous est donnée que pour nous appliquer utilement, en remplissant comme il faut les devoirs de la vocation à laquelle la volonté de Dieu nous a appelés.

Combien se trompent aussi ceux qui croient qu'on peut travailler sans prendre de peine ! Il n'y a point de travail sans fatigue. Les uns, sous le poids du jour, sans cesse exposés à toutes les intempéries de l'air, labourent la terre, déposent dans son sein, avec la semence qui fructifiera, une portion de leur vie, et en obtiennent ainsi, à la sueur de leur front, la nourriture nécessaire à tous.

Ce sont les agriculteurs, ces nobles ouvriers des champs, qu'on pourrait appeler les pères nourriciers de l'humanité, parce qu'on leur doit le pain qui nourrit les hommes.

1. *Luc*, xix, 13.

D'autres exploitent les forêts, d'autres descendent à d'immenses profondeurs dans les entrailles de la terre, afin d'en extraire le charbon qu'on nomme houille, le sel gemme, le minerai et tous les matériaux indispensables aux arts et aux métiers.

Ouvriers mineurs travaillant dans une galerie de la mine.

D'autres fondent les métaux ou les façonnent, tissent la laine, le lin, le chanvre, le coton, la soie et fabriquent les étoffes les plus variées dont nous faisons nos vêtements.

D'autres bâtissent des maisons, font les meubles dont nous nous servons, instruisent la jeunesse dans les écoles, construisent des ponts, tracent des routes et rendent ainsi de nombreux services à la société.

Enfin, il y en a plusieurs qui, au milieu de périls continuels, parcourent les mers pour transporter d'une contrée à l'autre leurs divers produits, et rendre tous les continents tributaires des besoins et des désirs des peuples civilisés.

Ah ! sans doute, travailler ainsi c'est se fatiguer, c'est même souffrir quelquefois, mais de combien de bienfaits ne sommes-nous pas redevables à ces fatigues et à ces souffrances salutaires; et quelle estime ne devons-nous pas faire du travail, qui nous soustrait aux corruptions de la paresse et aux entraînements des mauvaises passions !

Cessons donc de nous plaindre des besoins qui nous obligent à travailler. Si la vie est sujette à une infinité de besoins matériels, c'est que Dieu, dans sa sagesse, a voulu nous préserver des funestes effets du vice de la paresse par la vertu salutaire du travail.

Celui qui ne sait pas s'occuper passe par une pente rapide de la langueur à l'ennui, et de l'ennui à tous les désordres du cœur.

Si le laboureur se lève avec le soleil pour s'en aller creuser ses sillons, faucher les foins, couper les blés et cultiver la vigne; si l'artisan prend dès l'aurore ses outils pour aller au travail; le soir venu, ils s'en retournent,

Le moissonneur.

l'un et l'autre, tranquilles dans leur maison, où pour

premi010ère récompense d'un jour sans repos, ils goûteront la douceur d'un bon et profond sommeil qui délassera leurs membres fatigués.

L'ouvrier qui accomplit sa tâche avec un cœur pur et une intention droite est vraiment heureux. Le bon Dieu aime ceux qui travaillent ainsi; il les contemple d'un regard de tendresse, et il a pour eux des paroles de consolation, comme celles-ci : « *Venez à moi vous tous qui travaillez, qui faites effort pour porter votre fardeau, et je vous soulagerai*[1]. » Jésus choisit ses apôtres parmi les hommes qui gagnaient leur vie par leur travail; il travailla lui-même, et permit qu'on l'appelât le fils du charpentier[2].

Si Dieu aime les travailleurs bons et honnêtes, les hommes les estiment aussi et les traitent même avec respect.

Celui qui travaille pour gagner sa vie doit se garder de prêter l'oreille aux discours de ceux qui rendent le cœur mauvais à force de tromper l'esprit, et qui veulent lui faire croire qu'on peut s'enrichir autrement que par le travail et l'épargne. Arrière les murmures de l'envie! Dieu a du pain et des joies pour tout homme de bonne volonté, et celui-là n'aura rien à envier à

1. Matthieu, XI, 28.
2. Marc, VI, 3.

personne qui saura relever son travail par une bonne conduite et une solide vertu ; car il aura ce contentement qui surpasse la richesse.

Application à l'étude.

Quand on veut bien réussir dans un état, augmenter le produit de son travail, il ne suffit pas toujours d'être actif et diligent. Il y en a qui se fatiguent beaucoup, mais inutilement ; le travail leur devient stérile parce qu'ils le font sans intelligence.

Pour devenir un ouvrier habile, un industriel éclairé, un bon cultivateur, un commerçant avisé et expérimenté, il faut quelque chose de plus que l'exercice du corps et des mains, il faut encore la direction intelligente de l'esprit.

Mais pour bien se servir de son esprit, chacun doit s'appliquer à développer la flamme de ce bon sens que Dieu nous a donné. L'intelligence a besoin d'être éveillée, de s'ouvrir à la lumière et de dissiper les ténèbres de l'ignorance, en s'éclairant des résultats de l'expérience et de la science.

L'Évangile rapporte qu'un jour « Jésus se trouvant » dans une bourgade appelée Bethsaïde, on lui amena

» un aveugle, en le priant de le toucher. Jésus, pre-
» nant la main de l'aveugle, l'amena hors du bourg,

Jésus guérissant un aveugle.

» et après avoir mis de la
» salive sur ses yeux, et
» lui avoir imposé les
» mains, il lui demanda
» s'il voyait quelque chose.
» L'aveugle, ayant re-
» gardé, dit : Je vois mar-
» cher des hommes qui res-
» semblent à des arbres.
» Jésus lui mit de nou-
» veau les mains sur les
» yeux, et le fit regarder.

» L'aveugle fut guéri, et vit tout distincte-
» ment[1]. »

Cet aveugle est l'image de notre intelligence. Elle
est plongée dans les ténèbres pendant l'enfance. Un
rayon de lumière vient l'éclairer, lorsque nous com-
mençons à distinguer les objets et à comprendre les
premiers mots de la langue qu'on nous a parlée.

Mais quelle confusion règne encore dans notre esprit ! Comme l'aveugle de l'Évangile à qui les hommes
paraissaient semblables à des arbres lorsqu'il fit d'a-

1. Marc, viii.

bord usage de la vue, nous ne voyons que d'une manière incertaine la vérité.

Qui est-ce qui dissipera les ténèbres qui nous empêchent de voir et de savoir bien nous conduire?

Ce sera l'instruction qui nous donnera la connaissance de Dieu, de nous-même et du monde; qui nous dirigera sûrement dans les diverses circonstances de la vie et nous préparera bien au choix d'un état.

Puis l'éducation qui nous apprendra à faire un bon usage des connaissances que nous aurons acquises, et nous formera par la pratique de tout ce qui est bon, honnête et utile, à l'accomplissement régulier des devoirs de la vie.

La lecture.

L'expérience peut faire acquérir à un esprit réfléchi quelques connaissances dont il peut tirer un grand profit. Mais l'expérience ne vient qu'avec les années, et il est presque toujours trop tard quand on est en état de s'en servir. Aussi l'on dit : si jeunesse savait, parce que si la jeunesse avait l'expérience de la vieillesse, elle éviterait beaucoup de fautes dont elle ne sait pas se préserver.

En allant à l'école on peut, si du moins on sait en

profiter, remplacer par l'étude l'expérience, qu'on n'acquiert que par la réflexion et avec les ans.

Des hommes savants et sages ont fait des livres pleins de bons conseils et d'excellentes instructions.

Ces livres sont de vrais trésors de sagesse, ouverts à tous; mais ceux-là seuls peuvent y puiser qui en ont la clef pour les ouvrir; cette clef c'est la lecture qui la donne. Sans elle, ce précieux trésor demeure toujours fermé à quiconque ne sait pas lire.

L'homme qui ne sait pas lire est comme l'aveugle qui cherche en tâtonnant son chemin en plein midi.

La terre finit pour lui à l'étroit espace où le sort l'a fait naître; il ne connaît rien au delà.

Il ne reçoit pas les leçons de tous ces hommes savants semés sur la route du temps, comme les étoiles sur la route du ciel, pour diriger sûrement notre marche en nous faisant profiter de leur expérience.

Il n'a pour se guider que les inspirations de la routine qui, hélas! bien souvent l'égarent au lieu de l'éclairer, et font qu'il se trompe dans des cas où il aurait un si grand besoin d'agir en toute sûreté.

Au contraire, pour celui qui sait lire, les livres lui montrent le monde comme dans un miroir, il n'est pas comme un étranger sur la terre; il connaît l'histoire des autres nations, il participe à l'héritage de sagesse laissé par les siècles précédents, et s'enrichit des bonnes pensées et des utiles réflexions des autres, car un bon livre est une école toujours ouverte où l'on peut apprendre à toute heure les meilleures choses.

Que la lecture a donc d'importance et combien les enfants s'y appliqueraient s'ils en comprenaient tout le prix !

L'écriture.

Celui qui non-seulement sait lire les pensées des autres dans les livres, mais sait encore exprimer les siennes par l'écriture, donne une plus grande valeur au bienfait de l'instruction.

Il parle aux absents, et, malgré les distances, il traite comme en tête à tête, de ses propres affaires. Sa pensée confiée au papier, court, vole, franchit l'espace à travers les terres et les mers.

Par l'écriture, il peut être présent en plusieurs endroits à la fois, pour s'entretenir avec ses parents et ses amis, de ses craintes, de ses espérances, de ses intérêts, de tout ce qui lui est cher.

Il défie les infidélités de sa mémoire en traçant sur le papier ses idées, ses actions ou celles des autres.

dont le souvenir mérite d'être conservé. Il met encore par ce moyen un tel ordre dans ses affaires, qu'il peut à toute heure s'en rendre compte et prévenir ainsi par sa prévoyance la ruine de sa fortune.

Au contraire celui qui ne sait pas écrire ne peut pas s'entretenir avec ses parents ou ses amis absents, à moins qu'en empruntant la main des autres, il ne leur livre aussi tous les secrets de son cœur, et ne les fasse confidents de ses affaires.

Comme la mémoire fait souvent défaut, celui qui ne sait pas écrire est exposé à des oublis qui peuvent lui causer de grands embarras et de vifs chagrins.

Puisque la lecture et l'écriture sont d'une telle utilité, c'est un grand devoir d'apprendre à lire et à écrire pour mieux cultiver notre esprit et notre cœur, et nous mieux acquitter des devoirs que nous avons à remplir envers Dieu, envers nous-mêmes, envers nos semblables et la patrie.

Principes pour la lecture.

Pour bien lire, il faut tenir le livre des deux mains, en prenant avec la main droite le côté droit du livre, et avec la main gauche le côté gauche, ayant soin d'appuyer légèrement le pouce de chaque main sur le page et d'appliquer les autres doigts de la main contre la couverture du livre.

On ne doit jamais tenir le livre par le milieu avec les deux mains ensemble, autrement les pages sont bientôt usées et déchirées en cet endroit par le frottement des pouces.

Il faut tenir la tête droite et fixe, et lire en portant seulement les yeux d'une ligne à l'autre. Rien de plus contraire à la bonne tenue qu'on doit garder en lisant, que de faire aller la tête comme une navette de tisserand.

Le livre doit être à une portée convenable : ni trop près ni trop loin des yeux.

La prononciation doit être naturelle; ni précipitée ni traînante. C'est un très-grand défaut de compter pour ainsi dire les syllabes et de sembler épeler les mots les uns après les autres, en mettant entre chacun un certain temps.

Mais il n'est pas moins contraire aux règles de la lecture d'aller trop vite, de bredouiller, de manger les mots, ou de ne pas assez élever la voix en lisant; comme de ne pas s'arrêter aux repos indiqués par la virgule, le point et virgule, les deux points et le point; de ne pas faire la liaison des mots; de donner à certaines lettres un son qu'elles n'ont pas; par exemple, de prononcer le j et le g comme z et de dire : zuze pour juge; s comme ch et de dire : je chavais pour je savais, et ch comme s et de dire : Sarles pour Charles;

De ne pas maintenir le même ton pendant toute la lecture, et de laisser tomber la voix à la fin de chaque phrase; de ne pas faire sentir par une inflexion convenable les points d'interrogation et d'exclamation.

Il y a encore beaucoup d'autres défauts à éviter dans la lecture. L'usage et une grande application peuvent seuls donner l'habitude de bien lire. C'est pour cela qu'il faut remarquer les personnes qui lisent d'une façon bien correcte, qui donnent à leur voix une bonne intonation; qui ont, comme on dit, un bel accent, c'est-à-dire une manière agréable de prononcer, afin de pouvoir lire comme elles.

Une lecture bien faite exerce un grand charme sur l'esprit et fait mieux goûter ce qu'on dit, car elle donne à la parole une grande force de persuasion.

Exercice de lecture.

(LE PRISONNIER ET LE PAPILLON.)[1]

Hôte de la plaine éthérée,
Aimable et brillant papillon,
Comment de cet affreux donjon
As-tu su découvrir l'entrée ?
A peine entre ces noirs créneaux
Un faible rayon de lumière,
Jusqu'en mon cachot solitaire
Pénètre à travers les barreaux.

As-tu reçu de la nature
Un cœur sensible à l'amitié ?
Viens-tu, conduit par la pitié,
Soulager les maux que j'endure ?
Ah ! ton aspect de ma douleur
Suspend et calme la puissance ;
Tu me ramènes l'espérance
Prête à s'éteindre dans mon cœur.

Doux ornement de la nature,
Viens me retracer sa beauté ;

1. L'auteur de ce livre doit la communication de cette belle poésie à
Son Eminence le cardinal Donnet, qui a eu la bienveillance de la lui adresser
transcrite en entier de sa propre main.

4

Parle-moi de la liberté,
Des eaux, des fleuves, de la verdure;
Parle-moi du bruit des torrents,
Des lacs profonds, des verts ombrages,
Et du murmure des feuillages
Qu'agite l'haleine des vents.

Le prisonnier et le papillon.

As-tu vu les roses éclore ?
As-tu vu les boutons naissants ?
Dis-moi l'histoire du printemps
Et des nouvelles de l'aurore,
Dis-moi si dans le fond des bois
Le rossignol, à ton passage,
Quand tu traversais le bocage,
Faisait ouïr sa douce voix.

Le long de la muraille obscure
Tu cherches vainement des fleurs ;
Chaque captif de ses malheurs
Y traça la vive peinture.
Loin du soleil et des zéphirs,
Entre ces voûtes souterraines,
Tu voltigeras sur des chaînes,
Tu n'entendras que des soupirs.

Léger enfant de la prairie,
Sors de ma lugubre prison :
Tu n'existes qu'une saison,
Hâte-toi d'employer la vie.
Tu n'auras hors de ces lieux,
Où l'existence est un supplice,
D'autres liens que ton caprice,
Et d'autre prison que les cieux.

Peut-être un jour dans la campagne
Conduit par tes goûts inconstants,
Tu rencontreras deux enfants
Qu'une mère triste accompagne.
Vole aussitôt la consoler ;

. . . .

. . . .

Mais, hélas ! tu ne peux parler !

Etale ta riche parure
Aux yeux de mes jeunes enfants ;
Témoin de leurs jeux innocents,
Plane autour d'eux sur la verdure.
Bientôt vivement poursuivi,
Feins de vouloir te laisser prendre ;
De fleur en fleur va les attendre,
Pour les conduire jusqu'ici.

Leur mère les suivra sans doute,
Triste compagne de leurs jeux ;
Vole alors gaîment devant eux
Pour les distraire de la route.
D'un infortuné prisonnier
Ils sont la dernière espérance :
Les douces larmes de l'enfance
Pourront attendrir mon geôlier.

. . . .

Mais, ô ciel ! le bruit de mes fers
Détruit l'espoir qui me console.
Hélas ! le papillon s'envole,
Le voilà perdu dans les airs !

Principes pour l'écriture.

POSITION DU CORPS

Il faut avoir un siège et une table de telle grandeur que les bras agissent facilement dessus.

On aura le corps un peu éloigné de la table, le bras gauche posé dessus jusqu'au coude, afin que la main du même bras puisse tenir le papier.

L'avant-bras droit, appuyant légèrement sur la table et en sortant d'environ la moitié, sera éloigné du corps de 10 à 12 centimètres.

La jambe gauche sera plus avancée que l'autre : la pointe du pied droit correspondra aussi au talon du pied gauche.

Le bras et la jambe gauches, placés de cette manière, soutiendront seuls le poids du corps et donneront au bras droit toute facilité pour agir.

TENUE DU CAHIER ET DE LA PLUME

Le cahier sera un peu incliné vers la gauche. La plume, tenue légèrement entre le pouce, l'index et le majeur, ne devra jamais tourner soit pour former les pleins, soit pour former les liaisons.

Les deux derniers doigts, appelés annulaire et auriculaire, seront éloignés des autres de l'épaisseur d'un doigt, et toucheront légèrement le papier, en laissant un espace suffisant pour pouvoir y glisser une règle de moyenne grosseur.

Il faut avoir soin d'allonger convenablement la plume à l'extrémité des doigts.

C'est un grand défaut de tenir la plume avec deux doigts seulement et d'une manière si courte que les doigts trempent dans l'encre.

Quand on écrit, on doit laisser courir légèrement la main sur le papier, conduire la plume avec les doigts, de telle sorte que la main seule soit en mouvement et que le bras droit ne remue pas et ne change pas de position.

L'essentiel pour l'écriture c'est d'être régulière, nette, ni trop fine, ni trop grosse.

L'écriture est régulière quand toutes les lettres sont également espacées, également inclinées, bien alignées.

Elle est nette, quand les lettres sont bien formées et qu'on ne peut pas prendre une lettre pour une autre;

Si l'écriture ne remplit pas ces deux conditions, elle devient illisible, ou du moins difficile à lire.

Mais pour donner de la grâce à l'écriture, il faut que le caractère soit proportionné à l'usage qu'on en fait, c'est-à-dire qu'il soit de moyenne grosseur, que les lettres de chaque mot soient toutes liées ensemble comme si le mot était fait d'un seul trait; que la ligne soit droite.

On ne doit jamais, en écrivant un mot, interrompre l'écriture du mot pour mettre les points ou les accents. C'est quand le mot est entièrement écrit qu'on met les points et les accents.

Le moyen d'avoir une belle écriture courante, c'est d'étudier et de copier de bons modèles, et de s'exercer à délier les doigts et la main pour écrire vite.

Un cahier propre, bien tenu, une écriture soignée, bien faite, annoncent un élève qui a du goût, studieux, et qui comprend le prix de l'instruction.

Heureux l'enfant qui commence de bonne heure à être soigneux, à aimer l'ordre et la propreté, qui conserve précieusement tous ses cahiers, tous ses livres de classe! Combien ces souvenirs de son jeune âge lui seront précieux dans la suite! Avec quel bonheur il regardera ces pages qu'il écrivait quand il allait à l'école, et comparera les progrès qu'il faisait en passant d'un cahier à un autre!

Sur ces cahiers il y aura sans doute quelques bons conseils qu'il n'aura pas goûtés alors parce qu'il était trop jeune, mais qu'il comprendra mieux quand il les relira dans un âge plus avancé, et qui lui seront très-utiles.

Il se souviendra du maître qui l'aura instruit, et les leçons qu'il aura reçues et qu'auront conservées ses cahiers, continueront à l'instruire et à l'exhorter.

De l'attention et de la réflexion.

Celui qui veut apprendre quelque chose ne doit pas se contenter de lire. La lecture ne porte de bons fruits qu'autant qu'on en grave les leçons dans la mémoire.

Si beaucoup d'enfants n'apprennent rien à l'école, quoiqu'ils y aillent pendant plusieurs années, c'est qu'ils ne sont pas assez attentifs à leurs leçons ni à leurs devoirs.

Pour qu'une chose se grave fortement dans l'esprit, il faut la considérer attentivement et longtemps, autrement elle s'efface de la mémoire comme ces lettres tracées sur le sable qu'un rien fait disparaître. L'attention a encore l'avantage de nous faire voir plus clairement les objets, de nous les faire mieux comprendre, de nous en faire plus facilement saisir l'application.

On a comparé avec raison l'attention à un microscope qui grossit plusieurs milliers de fois les plus petites choses et en découvre les détails avec une extrême finesse. L'attention, aidée de la réflexion, est la principale cause d'une infinité d'inventions utiles dont l'humanité recueille chaque jour les nombreux bienfaits.

Jenner[1].

DÉCOUVERTE DE LA VACCINE.

Avant la découverte de la vaccine, lorsqu'une mère avait sur ses genoux un petit enfant au visage frais et rose, souvent elle était triste et soupirait en le regardant. Hélas! se disait-elle, faudra-t-il que cette charmante figure devienne un jour méconnaissable; que ces traits si fins, si réguliers, soient totalement défigurés! Puis, elle ajoutait tout bas : Mon Dieu, conservez-moi mon enfant, mais comme il est aujourd'hui, tel que vous me l'avez donné!

Ah! c'est qu'il y avait alors une maladie affreuse, l'effroi des familles, le désespoir des mères ; fléau qui faisait une quantité de victimes et qui laissait les plus hideuses traces chez ceux dont il avait épargné la vie : C'était la petite vérole.

Un célèbre médecin anglais, nommé Jenner, appelé souvent pour donner des soins à des personnes atteintes de cette dangereuse maladie, cherchait depuis

1. Célèbre médecin anglais, découvrit (1770) et propagea la vaccine (1796).

longtemps les moyens de la combattre sans pouvoir
arriver à aucun résultat.

Un jour le hasard, ou plutôt le doigt de Dieu, lui fit
faire la rencontre d'une bonne femme qui lui dit n'a-
voir rien à craindre de la petite vérole.

Comment cela, demanda le docteur étonné? Rien de
plus simple, répondit la femme, nos vaches ont souvent

Jenner.

aux trayons des boutons qui s'y développent. Si, en les
trayant, le liquide contenu dans ces boutons s'intro-
duit dans nos mains et y produit des pustules, nous
sommes préservées de la petite vérole.

Sans la remarque de cette villageoise, et sans les

réflexions, du docteur Jenner, un des remèdes les plus utiles au genre humain aurait passé inaperçu.

Après vingt années d'un travail assidu, après de nombreuses expériences et de minutieuses recherches, le zèle de Jenner fut récompensé du plus éclatant succès, et il put enfin jouir du fruit de sa précieuse découverte.

Grâce à la vaccine, des millions d'enfants sont, chaque année, arrachés à une mort inévitable !

Cet exemple suffit pour montrer l'importance de l'observation, et nous apprendre à ne pas la négliger, même dans les petites choses, sous prétexte que ce sont de petites choses.

« La réflexion donne la science de l'esprit de conduite[1], » et habitue à calculer les conséquences des paroles comme celles des actions.

Elle enseigne à agir avec prudence et à parler avec discrétion, car « le cœur du sage instruit sa bouche et répand la grâce sur ses lèvres[2]. »

Moyens pratiques de bien s'instruire.

« En toute chose, il faut regarder le but qu'on veut atteindre[3], » a dit Salomon.

1. Eccli., I, 31.
2. Proverbes, XVI, 23.
3. Eccli., VII, 40.

Rien de plus sage ni de plus utile que ce conseil : il faut le mettre en pratique dès le temps de l'école, si on veut tirer profit de ce qu'on y enseigne et de ce qu'on y apprend.

Savoir lire, écrire, calculer un peu pour s'en servir au besoin, c'est beaucoup sans doute ; mais cette instruction primaire qu'on acquiert dans les écoles, et qui n'est pas à dédaigner, n'est pas l'instruction véritable : c'est simplement le moyen, l'instrument à l'aide duquel on s'instruit.

La véritable instruction, c'est ce qu'on appelle l'instruction supérieure, qui met en état, non-seulement de lire, mais de bien lire, de se rendre exactement compte de ce qu'on entend et de ce qu'on lit ; d'en parler avec à-propos, de devenir tout ce qu'on peut être dans son genre de travail et dans son milieu, soit comme agriculteur, commerçant, industriel ou ouvrier.

Or ce n'est pas sans doute dans trois ou quatre ans qu'il est possible, avec la meilleure volonté du monde, d'enseigner ou d'apprendre tout ce qu'il serait désirable de savoir ; mais on peut, avec une bonne méthode, jeter un bon fondement pour l'avenir, sur lequel quiconque aura la ferme volonté de s'instruire pourra édifier d'utiles et de solides connaissances.

Il faut se proposer de bien connaître la géographie, celle de son département d'abord, de la France ensuite, de l'Europe, puis celle des pays étrangers.

Pour bien faire cette étude, on doit se borner à apprendre ce qu'il est surtout utile de retenir et laisser de côté les petits détails qui s'oublient facilement et qui sont de peu d'importance. Les principales villes, les principaux fleuves, les ports de mer, les mœurs et les coutumes des habitants, les principales productions du pays, voilà ce qu'on doit retirer de l'étude de la géographie.

Après l'étude de la géographie, dont on doit se rendre compte sur les cartes pour bien connaître la situation des pays, leur distance respective, il faut s'appliquer à connaître l'histoire nationale avec les éléments de l'histoire universelle.

Rien n'est plus propre à plier l'esprit à des habitudes d'observation, de comparaison, à exercer le jugement, à lui donner de la clarté et de la netteté, que l'étude sérieuse de l'histoire.

On y voit les gouvernements des différents peuples, on peut en comparer les avantages avec les inconvénients, on y suit pas à pas les progrès de la civilisation ; on y discerne les motifs apparents ou secrets qui ont porté tel roi ou tel ministre à faire telle ou telle guerre : on y apprend à connaître et à vénérer les bienfaiteurs de l'humanité et à mépriser les ambitieux qui se sont servis du nom et des intérêts des peuples pour masquer leur ambition et exciter les mauvaises passions des hommes à la révolte ou à la guerre civile.

C'est donc une étude bien intéressante et bien instructive que celle de l'histoire! Il faut aussi s'attacher à retenir les dates des principaux événements, pour mettre de la clarté dans les faits et ne pas confondre toutes les époques.

A l'étude de la géographie et de l'histoire il faut joindre une connaissance sommaire de la littérature, celle des éléments des sciences naturelles[1] et des lois les plus usuelles. Il est bien utile que chacun, sans être jurisconsulte, sache ce qu'il doit faire pour conserver son bien et les formalités qu'il y a à remplir dans certaines circonstances pour ne pas encourir des amendes ou se trouver exposé à des procès.

Ce résumé des connaissances, qui constituent ce

---

1. *Les lectures variées sur les sciences usuelles* par M. Maigne; *les notions préliminaires de physique* par M. E. Gripon, publiées par la maison Eugène Belin, sont à recommander.

On peut joindre à ces ouvrages intéressants, *les lectures sur l'agriculture et la vie des champs* par M. A. Guy, même librairie, et *les conseils aux ouvriers* par M. Th. Barrau, ouvrage couronné par l'Académie française; librairie Hachette.

qu'on appelle l'instruction supérieure, c'est la lecture qui le donne. Donc le véritable moyen de bien s'instruire, c'est de lire avec goût, avec discernement, et surtout de prendre l'habitude de résumer ou de repasser dans sa mémoire, chaque soir, ce qu'on a lu ou appris pendant la journée.

Une histoire véritable.

Il y a quelques années, un fait bien touchant se passait à la bibliothèque Sainte-Geneviève de Paris. Cette grande bibliothèque publique est ouverte tous les jours jusqu'à dix heures du soir.

Un enfant d'une famille d'artisans, âgé d'une douzaine d'années, avait plusieurs fois tenté d'y entrer; mais à la porte se tenait un gardien, ancien sergent des vétérans, qui le repoussait toujours en lui disant : « On n'entre pas; tu es trop jeune. »

Un jour cependant, profitant de ce que le gardien était occupé, l'enfant força la consigne, gravit l'escalier et parvint jusqu'au bibliothécaire. — « Est-ce vrai, Monsieur, lui dit-il, que je suis trop jeune pour lire? Le bibliothécaire le regarda et fut frappé de sa demande. — Qu'est-ce que tu veux lire, mon garçon? lui demanda-t-il. » L'enfant demanda l'histoire de France. Le bibliothécaire lui fit apporter l'ouvrage de Mézeray, le plaça devant une table et lui dit : « A partir d'à présent, tu viendras lire quand tu voudras. »

« A partir de ce moment, disait un jour cet enfant devenu par ses lectures assidues un homme riche et distingué, je me livrai à la lecture avec une sorte de fièvre ; mais mes lectures m'eussent été certainement plus fructueuses si j'avais eu, pour me guider, un homme d'expérience qui m'eût indiqué comment il faut commencer, étudier et finir. »

Du caractère.

Tout le monde veut être heureux ; c'est un désir bien naturel et bien légitime. Mais, pour être heureux, on croit qu'il faut être riche, honoré, avoir toute sorte de plaisirs.

C'est une grande erreur, car on voit tous les jours des gens riches, honorés, nageant, pour ainsi dire, au sein des plaisirs, et n'être pas heureux, tandis que d'autres, dans une humble condition, sont contents de leur sort.

Cette différence vient de ce que la bonté de Dieu n'a pas fait dépendre le vrai bonheur de la possession des biens extérieurs, que tout le monde ne peut pas avoir, mais de la paix du cœur que tout le monde peut posséder.

Aussi l'Evangile, qui sait en quoi consiste le bonheur véritable, nous exhorte à demander à Dieu notre pain de chaque jour, avec une parfaite soumission à sa volonté, sans nous mettre en peine pour des biens en abondance au delà de nos justes besoins.

Heureux, dit le Sauveur Jésus, ceux qui sont doux; qui ont faim et soif de la justice; ceux qui ont le cœur pur; ceux qui sont pacifiques [1] !

Or, puisque chacun peut être doux, miséricordieux, juste, pacifique, il dépend de chacun de se rendre heureux. Il n'y a qu'à bien régler les dispositions naturelles de son cœur, dispositions qui forment le fond et l'ensemble du caractère.

Ces dispositions ne sont pas les mêmes chez tous les hommes; mais il n'y a personne cependant qui, avec de la bonne volonté et le secours de Dieu, ne puisse parvenir à se former un caractère assez bon et assez docile pour se rendre heureux.

———

Celui qui est vif, qui s'emporte pour rien, qui ne sait

[1]. Matthieu, v.

rien souffrir, rien endurer, est réellement malheureux par sa faute ; car la colère est une folie furieuse, qui excite dans l'âme de grandes tempêtes et fait souvent tomber dans des excès qu'on déplore plus tard, mais qu'on ne peut pas toujours réparer.

Heureux l'enfant qui apprend à goûter de bonne heure cette belle recommandation de Jésus : « Apprenez de moi à être doux et humble de cœur[1], » et qui s'applique à former son caractère sur ce divin modèle !

————

Celui qui est orgueilleux et arrogant éprouve très-souvent des mépris et des chagrins qui le rendent malheureux ; car si Dieu résiste aux orgueilleux[2], le monde lui-même les déteste.

L'enfant orgueilleux ne veut céder à personne ; il se rend par sa fierté insupportable à tout le monde ; il se se vante sottement, croit en savoir plus que les autres et surtout valoir beaucoup mieux qu'eux. Il fait comme le pharisien de l'Évangile, qui s'élevait dans son cœur et disait à Dieu : « Seigneur, je vous rends grâces de ce que je ne suis pas comme les autres hommes, qui

1. Matthieu, XI, 29.
2. Jacques, IV, 6.

sont voleurs, injustes, adultères, ni même comme ce publicain.

» Je jeûne deux fois par semaine, et je donne la dîme de tous mes biens. »

L'Evangile dit cependant que Dieu rejeta la prière de ce pharisien orgueilleux, tandis qu'il écouta celle du publicain, qui, en faisant sa prière, « n'osait pas même lever les yeux au ciel, mais se frappait la poitrine en disant : Seigneur, soyez-moi propice, parce que je suis un pécheur[1]. »

Il n'est rien qui attire plus la bienveillance qu'un air gracieux et modeste, et il n'est pas de meilleur moyen de se faire estimer et aimer que de ne penser et de ne parler jamais avantageusement de soi-même.

———

Celui qui est méchant n'a point d'amis. On ose à peine le dire; cependant il y a des enfants qui sont jaloux et méchants et le demeurent toute leur vie.

L'enfant méchant a toujours l'esprit occupé à mal faire. Il est dur envers les autres; s'il est plus fort qu'eux, il les bat. Pour rien, il cherche querelle. Il aime à faire de la peine pour le plaisir de nuire; ré-

1. Luc, XVIII, 14.

pond grossièrement quand on veut lui faire une réprimande sur sa mauvaise conduite. Quelquefois même il devient cruel et se rit des larmes qu'il fait couler par sa méchanceté.

L'histoire suivante en est une triste preuve.

L'aveugle et les enfants méchants

Un pauvre aveugle marchait un jour le long de la route, allant à la ville qu'il habitait. Il suivait tranquillement son chemin, conduit par un chien qui lui servait de guide, et tenant d'une main un bout de la corde passée autour du cou du petit animal qui le conduisait.

Des enfants au cœur méchant, en le voyant seul avec son fidèle guide, conçurent aussitôt la pensée de maltraiter son chien pour s'amuser.

Le pauvre aveugle, incapable de se défendre contre eux, les supplia de ne point faire de mal à cet animal, qui était son unique ressource pour aller demander son pain. Mais ils se moquèrent de ses larmes et finirent par étrangler le chien. Ils prirent ensuite la fuite, laissant l'aveugle en proie à une douleur inexprimable, et regagnant sa demeure comme il put.

Rentré chez lui, l'aveugle ne reparut plus. Se trouvant désormais sans guide pour aller mendier son pain, il mourut quelque temps après de chagrin et de misère.

C'est ainsi que de méchants enfants se firent un jeu cruel de commettre une mauvaise action, qui devait avoir une si triste et si malheureuse fin.

———

La moquerie est encore un défaut assez commun à beaucoup d'enfants, qui sont enclins à railler leurs camarades ou des personnes plus avancées en âge, soit par malignité, soit par étourderie. Mais, comme il n'est jamais permis de faire de la peine à personne, la moquerie ne saurait être chose innocente dans aucun cas.

« Chassez le moqueur, dit la Bible, et les disputes » s'en iront avec lui, et les querelles et les insultes ces- » seront [1]. »

Ce qui prouve d'ailleurs que la moquerie est mauvaise, et qu'on doit s'en abstenir entièrement, c'est que, parmi les injures que les ennemis de Jésus lui firent subir pendant sa passion, l'Évangile a bien soin de rapporter les moqueries qu'ils lui adressaient en passant devant sa croix [2].

1. Proverbes, XXII, 10.
2. Matthieu, XVII.

La moquerie est non-seulement un vice contraire à la charité, mais encore à la bonne éducation. Le moqueur est en effet dépourvu de ces bons sentiments, que doivent développer dans le cœur l'instruction et l'éducation qu'on reçoit à l'école. Aussi le moqueur se fait plus de tort à lui-même qu'il ne porte de préjudice aux autres par ses mauvaises railleries, surtout si elles s'adressent aux malheureux, car il passe pour un malhonnête et s'attire justement le mépris des gens bien élevés.

Combien est détestable l'enfant qui se moque de son maître et lui fait des grimaces lorsque son maître ne peut le voir!

Le meilleur moyen pour celui qui a un penchant à la moquerie, de se corriger de ce défaut, c'est de se rappeler dans le moment où il sent ce mauvais instinct se réveiller en lui, cette belle maxime de la sagesse chrétienne : « Ne fais pas à autrui, ce que tu ne veux » pas qu'on te fasse à toi-même. »

———

D'autres ont un caractère bizarre, se plaisant toujours à contrarier sans raison et pour rien. Aussi que de mauvais moments ont souvent à passer, et bien par leur faute, ceux qui ont un tel caractère!

C'est à ces caractères contrariants que saint Paul
adresse cette belle recommandation : « Montrez-vous
» bienveillants, ne faisant jamais rien par esprit de
» contradiction[1]. » Heureux, s'ils savent la comprendre et la goûter ! Ils s'épargneront beaucoup de chagrins et quelquefois même d'amers regrets.

C'est encore un caractère bien détestable que celui
d'un enfant entêté, boudeur. Pourtant ce défaut,
malheureusement, n'est pas rare. Que gagne un enfant par son entêtement et ses caprices ? sinon des
châtiments et des punitions sévères, qui ont toujours
raison de son obstination, et l'obligent de faire par
force ce qu'il lui serait si beau de faire de bon gré et
par obéissance.

L'Évangile dit que Jésus, lorsqu'il était enfant, était
soumis[2]. C'est ainsi que doit être tout enfant qui veut
suivre la bonne voie et qui désire s'y maintenir.

Quoique moins désagréable et moins fâcheux, le
caractère timide constitue encore un défaut assez grave

1. Philippiens, II, 3.
2. Luc, II, 51.

chez un enfant ou un adulte, pour qu'il doive s'appliquer à s'en corriger.

Si c'est un très-grand défaut d'être arrogant et cu-
rieux, il faut prendre garde de ne pas tomber dans une
extrémité opposée et d'avoir une timidité excessive,
qui empêche de parler ou de paraître convenablement
devant quelqu'un.

Les enfants timides sont souvent plus orgueilleux
qu'on ne pense. Ce qui cause leur timidité c'est la
crainte de ne pas assez bien dire ou de ne pas assez
bien faire et d'être désapprouvé. Dans ce cas, la timidité est un orgueil déguisé.

Or, cette timidité est blâmable, car elle procède d'un
trop grand amour-propre. Tout ce qu'on demande d'un
enfant, c'est qu'il ait des manières honnêtes, et non
des talents extraordinaires, qui ne sont pas donnés à
tous, et qu'il sache répondre modestement quand on
lui parle. Cela suffit pour qu'on soit content de lui.

Ce n'est pas d'ailleurs en ayant un air gauche, en
restant bouche close, comme font les enfants timides,
qu'on gagne l'estime du monde ; on ne peut, en agis-
sant ainsi, que se rendre ridicule, et donner de soi
une médiocre opinion.

Au contraire, un air aisé, gracieux, ouvert, prévient
toujours favorablement, car la bonne grâce, dit Salo-

mon, va au devant de l'aimable modestie, comme l'é-
clair devant l'orage [1].

Plusieurs ont dû à cette simplicité naturelle, mais charmante dans l'enfant comme dans l'adolescent, le commencement d'un sort heureux, ainsi que le prouve le trait suivant.

Le comte de Caylus [2].

(Anecdote.)

Le comte de Caylus, distingué par sa naissance, sa grande fortune, sa science, l'était encore plus par sa simplicité et sa bienfaisance.

Dans ses promenades, il cherchait toujours l'occasion de faire quelque bonne action. Un jour, il vit sur le bord d'un fossé un homme de la campagne qui dormait d'un profond sommeil.

Près de cet homme, était un enfant de onze à douze ans, qui, d'un œil attentif, considérait la physionomie de sa tête et son habillement pittoresque.

Le comte s'approche de cet enfant. Que fais-tu là, mon ami, lui dit le comte avec bonté, et à quoi pensses-tu?

1. Eccli., XXXII, 11.
2. Né à Paris en 1692, mort en 1765.

L'enfant se retourne, et répond avec aisance et simplicité : « Monsieur, je regarde cet homme, et si je savais dessiner, je voudrais le faire sur du papier. »

Le comte tirant alors de sa poche un beau portefeuille : « Essaye toujours, mon enfant, voilà du papier et un crayon. »

L'enfant encouragé se met à dessiner de son mieux. Le dessin fini, le comte est satisfait du travail. Il voit que cet enfant a d'heureuses dispositions ; et comme son caractère lui plaît, il l'embrasse avec bonté et se constitue son protecteur.

Comme rien ne contribue davantage à rendre le commerce de la vie agréable avec la famille, les amis, avec tout le monde, qu'un caractère bien fait, c'est une obligation d'une grande importance d'en étudier les qualités essentielles pour se les rendre propres.

Chaque progrès qu'on fera dans cette voie sera un progrès de plus dans la voie du bien et du bonheur.

Marques d'un bon caractère.

La marque distinctive d'un bon caractère, c'est la douceur, qui tempère les mouvements de l'âme, l'empêche de s'aigrir, même quand quelque chose lui déplaît, et fait qu'on répond toujours avec honnêteté et modération.

Cette disposition de l'âme incline naturellement vers la bonté, qui s'étudie à faire plaisir, autant que possible, sans manquer à ses devoirs cependant, mais en se gênant un peu, lorsque c'est nécessaire.

La véritable bonté est patiente, point jalouse, point tracassière, point fière, ni insolente. Au contraire, elle est indulgente, prévenante, pleine de bienveillance, attentive surtout à n'offenser personne.

C'est une hypocrisie d'affecter les dehors de la bonté sans se mettre en peine d'en avoir la sincérité, qui en fait le vrai mérite. Celui-là seul sera réellement bon qui s'inspirera dans sa conduite de cette règle de l'Evangile : « Faites aux autres ce que vous voulez qu'on » fasse pour vous [1]. »

Comme l'on est toute sa vie ce qu'on a été dans ses premières années [2], il faut s'appliquer, pendant qu'on fréquente l'école, à contracter cette habitude de la bonté, qui subjugue si doucement les cœurs.

L'Evangile rapporte qu'un jour « quelqu'un s'appro-» chant de Jésus, lui dit : Bon maître, que dois-je » faire pour mériter la vie éternelle ?

1. Matthieu, VII, 12.
2. Proverbes, XXII, 6.

» Jésus lui répondit : Pourquoi m'appelles-tu bon ?
» Dieu seul est bon [1] ? »

Si Jésus parla ainsi à celui qui l'interrogeait, c'était pour lui faire comprendre par ce seul trait de ressemblance, ce qu'il était lui-même, et nous enseigner l'excellence d'une vertu par laquelle nous sommes rendus conformes à Dieu.

De même que l'aimant attire le fer, ainsi le bon caractère attire les sympathies, car partout on recherche et on aime ceux qui sont doux, modestes, obligeants.

En classe, dans sa famille, celui qui est bon, qui se montre gracieux, qui a des manières affables, est sûr de rencontrer des physionomies qui, par leur air bienveillant, correspondront à la sienne.

Il exerce même une salutaire influence sur ceux qui ont un mauvais naturel. Sa présence produit sur eux un effet à peu près semblable à celui de la harpe de David sur Saül, dont la fureur s'apaisait quand David prenait son luth et se mettait à jouer [2].

Il faut donc conclure qu'un bon caractère contribue au bonheur de la vie en toute chose, et que chacun doit demander à Dieu avec un humble respect ce don

1. *Matthieu,* xix, 16 et 17.
2. 1er livre des *Rois,* xvi, 23.

précieux, comme Salomon lui demandait celui de la sagesse [1].

Des passions et des vices.

S'il est important de s'appliquer à former le caractère, il ne l'est pas moins de s'attacher à bien régler les inclinations du cœur.

« C'est du cœur, dit l'Évangile, que procèdent les » mauvaises pensées [2] » qui engendrent tous les désordres.

Les anciens comparaient les mauvaises passions à des monstres qu'on appelait des sirènes.

Ces monstres avaient une figure d'une beauté séduisante. La partie supérieure du corps, jusqu'à la ceinture, avait la forme humaine; l'autre moitié avait celle d'un poisson.

Les sirènes habitaient sur les rivages de l'Italie, dans un endroit où il passait beaucoup de vaisseaux.

Quand les vaisseaux arrivaient en face de ces rivages, alors les sirènes faisaient entendre leurs chants délicieux. Les matelots qui avaient l'imprudence de les écouter, s'endormaient aussitôt, tombaient dans la mer et les sirènes les dévoraient.

1. 2e livre des *Paralipomènes*, I, 10.
2. *Matthieu*, XV, 19.

Cette fable ingénieuse montre les dangers que les passions font courir à la jeunesse surtout, à cause de son inexpérience.

Les passions sont en effet de véritables sirènes. Elles enchantent les imprudents qui ont le malheur de les écouter. Elles présentent le mal sous des couleurs si séduisantes, qu'on ne voit pas la honte ni le déréglement de l'orgueil, de l'avarice, de la luxure, de l'envie, de la gourmandise, de la colère, de la paresse. Ceux qui se laissent entraîner par leurs funestes attraits, deviennent insensibles au déshonneur, à la ruine de leur fortune, à la perte même de leur santé.

Ce fut le malheur de l'enfant prodigue dont l'Evangile rapporte les profonds et déplorables égarements.

Histoire de l'enfant prodigue.

« Un homme avait deux fils ; le plus jeune dit à son
» père : Mon père, donnez-moi la part du bien qui
» m'appartient ; et il leur partagea ses biens.

» Et peu de jours après, ayant rassemblé tous ses
» biens, le plus jeune fils partit pour un pays éloigné,
» et il dissipa son bien en vivant dans la débauche.

» Après qu'il eut tout consommé, une grande fa-

» mine survint dans ce pays, et il commença à se
» trouver dans le besoin.

» Alors il s'en alla, et se mit au service d'un des
» habitants du pays. Or, celui-ci l'envoya à sa maison
» des champs pour paître les pourceaux.

» Et il désirait se rassasier des cosses que les pour-
» ceaux mangeaient, et personne ne lui en donnait.

» Rentrant alors en lui-même, il dit : Combien de
» mercenaires dans la maison de mon père ont du
» pain en abondance, et moi ici je meurs de faim[1] ! »

Tel est le triste sort de celui qui s'abandonne au
vice. Rien ne le retient ; ni l'affection de ses proches,
ni le souvenir des bienfaits, ni même son propre intérêt.

Emporté par ses mauvaises passions, il devient dur,
ingrat, insensible aux chagrins qu'il cause par sa conduite à un bon père, à une bonne mère même, à ses
amis, à sa famille. Il perd la droiture de la raison,
l'honnêteté de la conscience et se réduit à la plus mi-
sérable des conditions, à celle d'esclave du vice.

Les mauvaises passions sont pour le cœur qui s'en
laisse dominer, un bien cruel supplice. Elles font
payer bien cher les plaisirs qu'elles semblent donner,

____

1. Luc, xv.

et ne laissent après elles que la honte et de cuisants regrets.

Le meilleur moyen de les surmonter c'est d'être sincèrement pénétré de la crainte de Dieu, car cette crainte salutaire est le commencement de la sagesse[1].

« Mon fils, dit la Bible, recevez mes paroles, et gar-
» dez mon enseignement comme la prunelle de vos
» yeux.

» Dites à la sagesse : Vous êtes ma sœur, et appelez
» la prudence votre amie.

» La pauvreté et la honte arriveront à celui qui re-
» jette la discipline, mais celui qui se détourne du
» mal sera honoré[2]. »

La pente dans le mal est si glissante qu'il faut se tenir sans cesse en garde contre les occasions dangereuses. Savoir les éviter, c'est une grande sagesse, c'est le meilleur moyen de mettre en sûreté son honneur et sa tranquillité.

C'est pour n'avoir pas suivi ces sages conseils de la prudence que beaucoup sont sortis du droit chemin, et ont souvent malheureusement fini leur carrière. On pourrait en donner de nombreux exemples à l'appui, mais la déplorable histoire de ces deux enfants, dont

1. *Psaume* cx.
2. *Proverbes,* vii et xiii.

l'un s'appelait Urbain et l'autre Pauline, en est une preuve assez suffisante.

Histoire malheureuse de deux frères.

Une mère veuve avait deux enfants : un garçon nommé Urbain, et une fille nommée Pauline. Elle voyait avec joie grandir son fils Urbain, qui avait onze ans, et Pauline qui en avait neuf.

La mère d'Urbain et de Pauline n'avait pas de fortune. Elle faisait un petit commerce qui lui permettait d'envoyer ses deux enfants dans les meilleures pensions de la ville, pour les faire bien instruire et leur donner une bonne éducation.

Elle était heureuse de pouvoir travailler, afin de faire le bonheur de ses enfants. Sa tendresse maternelle entourait ces deux êtres, qu'elle regardait comme son trésor, d'une sollicitude continuelle.

Un de leur proche parent, qui les aimait à cause de leur gentillesse, les invita à dîner pour le jour de sa fête. Il leur fit servir beaucoup de gâteaux et de sucreries. Urbain et Pauline s'en régalèrent; mais, le lendemain et les jours suivants ils regrettèrent de n'avoir plus de telles friandises.

Pour s'en procurer, ils conçurent la coupable pensée de prendre de l'argent à leur mère. Pauline, qui restait quelquefois dans le comptoir, prit d'abord un sou. Un autre jour elle en prit deux, puis trois, puis quatre. Elle s'habitua à commettre ces petits vols, qui servaient à l'achat de gâteaux et de sucreries qu'elle partageait en secret avec son frère.

Sa mère s'apercevait qu'il lui manquait journellement de la monnaie dans son comptoir, mais elle croyait qu'elle avait trop rendu ou qu'elle s'était trompée dans ses comptes.

Etonnée de plus en plus, elle fit le guet pour surprendre le voleur, et prit un jour sa fille la main dans le comptoir.

La douleur de cette mère fut grande quand elle fit cette découverte, et surtout quand elle apprit l'usage que faisaient ses enfants de l'argent qu'ils lui dérobaient.

Urbain, au lieu d'acheter des sucreries avec l'argent que lui donnait sa sœur, jouait au sortir de l'école avec d'autres enfants. Il ne voulut plus ensuite fréquenter l'école ni apprendre aucun état, il devint un joueur et un paresseux.

Il fut mis dans une maison de correction. Quand vint le tirage au sort, il y tomba. Mais il fut au régiment, un soldat indiscipliné, se faisant punir sans cesse.

pour ses désobéissances et son insubordination, car au régiment il ne faut jamais répliquer. Un jour qu'il avait mérité une punition sévère, il s'emporta contre son sergent et, dans sa colère, il déchargea sur lui son fusil, sans cependant l'atteindre. Il passa en conseil de guerre et fut condamné à mort.

Quant à Pauline, loin de se corriger de ses penchants vicieux, elle fit, en grandissant, par sa conduite scandaleuse, le désespoir de sa mère, qui mourut du chagrin que lui causèrent ses deux enfants.

> Dans le mal il suffit qu'une fois on débute.
> Une chute toujours attire une autre chute[1].

Combien d'enfants, de jeunes gens se sont perdus, sont devenus de mauvais sujets, pour avoir cru qu'ils pouvaient fréquenter sans danger une mauvaise compagnie; faire une chose qui ne leur paraissait pas d'abord bien mauvaise!

Mais on ne s'amuse pas plus avec les passions et les vices qu'avec le poison ou le feu. Il suffit dans beaucoup de cas, d'une étincelle pour allumer un immense incendie.

D'ailleurs celui qui s'expose volontairement au danger y périra[2].

1. Boileau.
2. *Eccli.*, III, 22.

Cette vérité se trouve bien exprimée dans la fable des deux papillons.

Cette fable montre que les enfants, que les jeunes gens, toujours présomptueux, ne doutant jamais de rien, parce qu'ils ne savent encore rien; ne voulant pas écouter les conseils de l'expérience, sont toujours victimes de leur coupable témérité, et payent cher les plaisirs défendus.

Les deux papillons.

(Fable.)

Fuyez, mon fils, fuyez cette flamme infidèle,
   Disait un jour à son cher nourrisson,
     Un vieux routier de papillon;
Moi-même, maintes fois, je m'y suis brûlé l'aile;
Moi-même, bien souvent, j'ai manqué d'y rester;
Fuyez-la donc, vous dis-je, avec un soin extrême.
   Le jeune papillon promit de l'éviter.
   Mais pourquoi donc, disait-il en lui-même,
Me tant recommander d'éviter ce flambeau?
    Il est si brillant et si beau!
   Les vieilles gens sont trop timides;
    Un nain leur paraît un géant,

Un petit moucheron un éléphant ;
S'il fallait les prendre pour guides,
On ne verrait partout que piéges, que dangers.
Voyons donc ces lueurs qu'on nous dit si perfides,
Et mettons-nous nous-même en état d'en juger.
A ces mots, tout autour des flammes homicides
Notre papillonneau se met à voltiger.
Il n'y ressent d'abord qu'une chaleur flatteuse.
Il suit cette amorce trompeuse,
De plus près il veut la sentir ;
La flamme, par sa violence,
Le consume et le fait périr.

De la justice et de la probité.

Jésus nous dit dans l'Evangile : « Ne commettez point d'injustice[1]. » On ne saurait contracter trop tôt un vif amour de la justice, et une profonde aversion pour tout ce qui peut nuire aux autres et leur faire le moindre tort.

On ne peut d'ailleurs être jamais excusable quand on fait à autrui ce qu'on ne voudrait pas être fait à soi-même, et la conscience, d'accord avec la défense

____
1. Marc, x, 19.

du commandement divin, s'élève contre celui qui nuit à son prochain de quelque manière que ce soit.

Il y a cependant une très-grande injustice, dont beaucoup se rendent coupables sans en ressentir presque aucun scrupule, parce qu'elle semble autorisée par le mauvais exemple du monde, bien qu'elle soit très-condamnable devant Dieu.

Cette injustice est celle que Jésus lui-même a sévèrement condamnée, quand il adressait ce reproche aux pharisiens :

« Dieu a dit : Honore ton père et ta mère.

» Mais vous, vous dites : Si un homme dit à son » père ou à sa mère : que tout don que je fais, tourne » à votre profit, il satisfait à la loi[1].

» Et vous ne laissez rien faire de plus pour son père » et pour sa mère.

» Abolissant ainsi le commandement de Dieu[2]. »

Ce n'est donc pas satisfaire à son devoir que de se borner à donner à son père ou à sa mère des marques extérieures de respect; il faut, autant qu'on peut, leur rendre les secours qu'on en a reçus et les aider à soutenir et élever leur famille.

1. *Matthieu*, xv, 4 et 5.
2. *Marc*, vii, 12 et 13.

« Les fils doivent apprendre, avant toute chose, à
» rendre à leurs parents ce qu'ils ont reçu d'eux; car
» cela est agréable à Dieu[1], » dit saint Paul.

Jusqu'à l'âge ou l'enfant est capable de gagner sa
vie, c'est le père et la mère qui, par leur travail, four-
nissent à ses besoins. Or, quoi de plus juste que de
payer, lorsqu'on en est capable, une dette aussi légitime et aussi sacrée que celle-là?

Cependant, il n'en est pas toujours ainsi. Aussitôt
qu'un fils commence à gagner quelque chose, il ne pense
plus qu'à lui seul; il ne s'inquiète pas de ses petits
frères ou de ses petites sœurs, et abandonne tranquillement son père et sa mère sans se mettre en peine comment ils pourront faire pour les nourrir et les élever.

C'est plus qu'une noire ingratitude, c'est une criante
injustice devant Dieu et devant les hommes.

Le père de famille et le nid d'oiseaux.

Un honnête artisan avait péniblement élevé, avec le
travail de ses bras, une assez nombreuse famille. Ses
enfants devenus grands, le quittaient à mesure qu'ils
commençaient à se suffire à eux-mêmes.

Déjà les plus âgés l'avaient abandonné. Pénétré de

1. 1re épître de saint Paul à Timothée, v, 4.

chagrin et de tristesse, en voyant l'ingratitude de plusieurs de ses enfants, il prit la résolution de donner une bonne leçon à ceux qui étaient encore auprès de lui.

Un jour, il prit un nid d'oiseaux, le mit dans une cage, qu'il eut soin de placer à une fenêtre de sa chambre. Le père et la mère de ces petits oiseaux les suivirent et leur portèrent chaque jour leur nourriture.

Nid d'oiseaux.

Quand les petits furent en état de prendre leur volée, l'honnête artisan s'empara du père et de la mère et les enferma dans la cage, à la place des oiseaux qu'il mit en liberté.

Hélas! le père et la mère enfermés dans la cage se désolèrent; leurs petits ne songèrent point à eux; ils ne vinrent point leur porter de nourriture et les laissèrent mourir de faim.

Un matin, le père de famille appela ses jeunes enfants, et leur dit : « Vous voyez ces deux pauvres oiseaux! Quand j'emportai leur nid pour le mettre dans cette cage, ils l'ont suivi; ils ont même nourri leurs petits sans les abandonner un seul instant.

» Lorsque ceux-ci ont pu se suffire, et qu'ils ont été libres, ils n'ont pas songé à leur père ni à leur mère, ils ne sont pas revenus vers eux et les ont laissé mourir de faim. »

'Cette leçon était bien touchante, et bien faite pour apprendre à la jeune famille de cet honnête ouvrier, combien il est dur et pénible pour un bon père et une bonne mère de se voir ainsi délaissés par leurs enfants, ce qui arrive, hélas! malheureusement trop souvent.

De la reconnaissance.

« Quand vous faites l'aumône, dit encore l'Evangile,
» que votre main gauche ne sache pas ce que fait votre
» main droite[1]. »

Mais s'il est recommandé à celui qui rend un service de l'oublier, celui qui le reçoit doit s'en souvenir, car la reconnaissance doit avoir autant d'étendue que notre vie.

Cette vertu, qui est celle des cœurs bons et généreux, est si belle qu'un des hommes les plus illustres des temps passés lui donnait la préférence sur la gloire, la science, le génie et les autres talents qu'on estime ordinairement le plus.

« S'il n'est point de vertu que je ne sois jaloux de
» posséder, dit-il, il n'y a rien que j'aime plus que

[1] *Matthieu,* VI, 4.

» la reconnaissance. C'est d'elle, en quelque sorte, que
» naissent toutes les autres vertus.

» Qu'est-ce, en effet, que l'amour filial, sinon un
» sentiment de gratitude envers les auteurs de ses
» jours ? Qui sont les hommes pieux, sinon ceux dont
» l'âme reconnaissante paye à la divinité un juste tri-
» but d'hommages ? Qui de nous, s'il a reçu une bonne
» éducation, ne se rappelle avec plaisir ses professeurs,
» ses maîtres, ses instituteurs, et n'aime à garder le
» souvenir des lieux où il fut nourri, de ceux où il fut
» élevé ? Quelle douceur aurait la vie sans l'amitié ?
» Mais quelle amitié peut-il y avoir entre des ingrats ?
» Rien ne me semble plus naturel à l'homme que d'être
» sensible aux services et même aux simples témoi-
» gnages de bienveillance ; et rien ne me paraît plus
» contraire à son caractère, ni plus barbare, ni plus
» indigne d'un homme civilisé que de manquer de re-
» connaissance[1]. »

Cependant, toute belle qu'est la reconnaissance, elle
est si rare, qu'on a pu dire :

S'il fallait condamner
Tous les ingrats qui sont au monde,
A qui pourrait-on pardonner[2] ?

1. Cicéron, *Discours pour Plancius.*
2. La Fontaine, *Fables*, x, 5.

Il y aurait dans le monde beaucoup moins d'ingrats, s'il y avait moins d'indifférents ou de mauvais cœurs : « Il n'y a point de mal qui ne soit renfermé dans ce » vice, parce qu'il tarit la source des libéralités [1]. »

D'ailleurs, ce n'est pas seulement aux yeux des hommes que l'ingratitude est un vice odieux. Jésus lui-même l'a assez hautement blâmée dans plusieurs circonstances pour qu'elle doive nous paraître toujours souverainement détestable.

Les dix lépreux.

« Un jour qu'en allant à Jérusalem, il traversait le » pays de Samarie et la Galilée,

» Comme il entrait dans un village, il rencontra dix » lépreux, qui s'arrêtèrent loin de lui ;

» Et ils élevèrent la voix, disant : Jésus, notre maître, ayez pitié de nous. »

Jésus leur ayant ordonné d'aller se montrer aux prêtres pour faire constater leur guérison, « il arriva, pen-» dant qu'ils y allaient, qu'ils furent guéris.

» Un d'eux, se voyant délivré de la lèpre, revint sur » ses pas, glorifiant Dieu à haute voix ;

1. Cicéron, *Traité des devoirs*.

— 108 —

» Et il tomba sur sa face aux pieds de Jésus, lui ren-
» dant grâces ; or, celui-ci était un Samaritain.

» Alors Jésus, prenant la parole, dit : Est-ce que dix
» lépreux n'ont pas été guéris ? Où sont donc les neuf
» autres ?

» Il ne s'en est point trouvé d'autre qui revînt et
» rendît grâces à Dieu, si ce n'est cet étranger[1]. »

Ce récit nous montre que le Sauveur fut très-sensible
à l'ingratitude de ces neuf lépreux, qui, après le bienfait de leur guérison, l'oublièrent complétement.

Celui qui perd la mémoire du bien qu'on lui a fait,
ne mérite plus d'en recevoir. Mais, d'un autre côté,
rien n'honore davantage que le souvenir d'un service
rendu et ne dispose plus à la bienfaisance.

Ce souvenir est comme un doux parfum qui se conserve longtemps, à la louange des hommes reconnais-
sants, et dont il transmet quelquefois le nom à la pos-
térité.

Telle fut la récompense du bon Rollin, dont le cœur
resta toute sa vie si sensible aux bienfaits qu'il avait
reçus, dans son jeune âge, de la noble et généreuse
famille de M. le Pelletier, contrôleur général des finances
sous Louis XV.

[1] Luc, XVII, 17.

« J'ai reçu, dit-il, de la libéralité de feu M. le Pelle-
» tier les moyens de faire mes études. J'eus le bonheur
» de me trouver dans les mêmes classes que MM. ses
» enfants et de profiter de l'excellente éducation qu'on
» leur donnait. Je leur disputais souvent les premières
» places et les prix. M. le Pelletier me récompensait
» comme eux.

» Je puis dire que pendant tout le cours de mes
» études, il m'a tenu lieu de père, et depuis il m'a tou-
» jours témoigné une bonté paternelle.

» Il n'y a point de jour dans ma vie où je ne m'en
» souvienne, et ma reconnaissance devient d'autant
» plus vive, que je sens mieux de jour en jour de quel
» prix est une bonne éducation [1]. »

Cet exemple de si pieuse et si touchante reconnaissance, doit servir de modèle aux jeunes gens et leur
apprendre à se montrer pénétrés toute leur vie d'un
tendre sentiment pour leurs bienfaiteurs.

Bernadotte, roi de Suède.

Charles XIV, roi de Suède et de Norwége, était né
à Pau en 1764. Élevé à l'école de son quartier, le
maître avait plus d'une fois attaché sur la poitrine

[1] *Traité des études*, III, VIII, 3.

de l'enfant la croix de mérite, qui avait récompensé son application.

Cet enfant, qui se nommait Bernadotte, partit soldat, à l'âge de dix-sept ans, et devint un grand capitaine. Il prit une part considérable à la bataille d'Austerlitz en 1805. Plus tard, il fut appelé au trône de Suède.

Bernadotte.

Un jour, sortant de son palais pour aller passer la revue de ses troupes, il vit un vieillard fendre la foule qui l'entourait, et venir se jeter à ses pieds, ne pouvant prononcer une parole.

Ses yeux étaient remplis de larmes, et il tenait dans sa main qu'il levait en l'air, une petite croix d'argent suspendue à un ruban tout usé. Le roi fixe les yeux sur cette croix ; il la reconnaît : c'est la première qu'il a portée, et son cœur tressaille de bonheur à ce souvenir de son enfance.

Il s'avance aussitôt vers le vieillard qui la lui montre. Il reconnaît son premier maître d'école. A l'instant, il descend de cheval, embrasse son ancien instituteur et le conduit dans son palais.

Il le retint plusieurs semaines auprès de lui, et ne le laissa partir que pour revenir vivre sous le beau ciel de la France, après lui avoir assuré une pension, qui le mit dans l'aisance le reste de ses jours.

Parmi tant de grandes choses que Bernadotte a faites dans sa vie et qui ont rendu son nom si illustre, il n'en est point qui l'honore davantage que la pieuse reconnaissance qu'il conserva pour son maître d'école, et le bienfait royal qui en fut le touchant témoignage.

Visite de M. l'Inspecteur.

Pour exciter l'application à l'étude et donner une nouvelle force à l'émulation, de temps en temps, un homme choisi par le gouvernement va visiter les écoles.

C'est M. l'inspecteur primaire. Il interroge les élèves sur la lecture, la grammaire, le calcul, la géographie, l'histoire ; examine la tenue de la classe, fait la revue des cahiers pour voir s'ils sont bien soignés ; adresse des réprimandes aux paresseux, à ceux qui sont malpropres ; encourage les élèves studieux et donne à tous d'utiles conseils pour bien s'acquitter de leurs devoirs.

« Mes enfants, leur dit-il, instruisez-vous tant que vous êtes jeunes, et tâchez, par votre application à l'étude, d'acquérir les connaissances qui servent dans toutes les situations de la vie.

Les enfants studieux.

» Ne manquez jamais l'école par votre faute. D'une classe perdue peut dépendre peut-être votre bonheur. Qui sait si dans cette classe perdue vous n'auriez pas appris quelque chose qui, dans la suite, vous aurait fait éviter une faute, un procès qui vous occasionneront de grands chagrins ?

» Soyez exacts à vous rendre assez tôt pour être

toujours présents au commencement de la classe, afin de ne pas perdre votre temps.

» A l'école, soyez très-attentifs à vos leçons, à vos devoirs, à tout ce que vous faites. On apprend plus dans une heure quand on l'emploie bien, que dans une journée quand on s'amuse.

» Ne vous faites jamais punir pour ne pas savoir vos leçons ou pour mal faire vos devoirs.

» Ne vous disputez pas entre vous. Regardez-vous comme des enfants d'une même famille, et apprenez à l'école à mettre en pratique ce beau commandement de l'Evangile : « Aimez-vous les uns les autres[1]. »

» Soyez obéissants et soumis à l'école, à la maison ; respectueux envers vos parents et vos maîtres, honnêtes et polis envers tout le monde.

» Fuyez non-seulement ce qui est mal, mais même ce qui a l'apparence du mal[2].

» Ne proférez jamais ni jurement, ni mauvaise parole, ni mensonge.

» Ne commettez jamais aucune injustice, si petite qu'elle puisse vous paraître ; car Dieu nous défend de prendre ou de retenir injustement le bien d'autrui. Ne vous appropriez pas ce que vous trouvez, mais re-

1. Jean, XIII, 34.
2. Thessaloniciens, V, 22.

7.

cherchez avec soin la personne à qui cela appartient.

» Aimez beaucoup la propreté dans votre personne, vos habits, vos livres, vos cahiers, dans tout ce qui vous appartient. La propreté, c'est la santé. Se lever tous les jours de grand matin entretient la santé et devient un principe de richesse.

» Ne fréquentez jamais les mauvaises compagnies; celui qui fréquente les méchants deviendra méchant comme eux; mais faites votre compagnie des enfants sages et honnêtes.

» Ne maltraitez pas les animaux, mais soyez humains envers eux. C'est toujours la marque d'un mauvais cœur d'être dur envers ces pauvres bêtes que Dieu nous a données pour nous soulager et nous aider dans nos travaux ou nous nourrir.

» Appliquez-vous à vous former un bon jugement et un bon caractère. Avec un bon caractère, on se fait aimer; avec un bon jugement, on conduit bien ses affaires.

» Ne barbouillez jamais les murailles ou les portes avec du charbon ou de la craie. Surtout gardez-vous bien d'y tracer des figures indécentes ou des paroles grossières.

» Aimez l'ordre, le travail et l'économie, si vous voulez réussir dans vos entreprises. « Si vous ne ra-

» massez rien dans votre jeunesse, comment trouverez-
» vous quelque chose dans votre vieillesse[1]. » (*)

» Tâchez de vous persuader que vous ne faites que
commencer à l'école votre instruction, et que vous de-
vez travailler, après que vous en serez sortis, à la com-
pléter en lisant et en étudiant quelques bons livres.

» Prenez l'habitude de ne pas vous laisser gouverner
par la première impression, « mais réfléchissez tou-
» jours avant de parler ou d'agir[1]. »

» N'ayez point d'orgueil et choisissez un état à votre
portée. En suivant la condition de cultivateur, d'ouvrier, de serviteur, comme vos parents, vous avez plus
de chance de réussir et d'être heureux que d'en chan-
ger. Tel qui veut trop s'avancer recule, et tel qui veut
trop s'élever descend.

» Tous les jours on entend dire à des jeunes gens :
« Ah ! que ne suis-je encore au temps d'aller à l'école !
» Mais je ne savais pas alors le prix de l'instruction,
» Aujourd'hui je le connais ; malheureusement, l'occa-
» sion est passée. » Ainsi, pour vous épargner ces re-

1. Eccli., xxv, 5.

(*) Dans leurs tournées d'inspection, MM. les inspecteurs primaires
recommandent aux élèves de prendre un livret à la caisse d'épargue,
avant de quitter l'école, si petite qu'en soit la somme. Dans beaucoup
d'écoles, cet usage s'est établi ; il est à souhaiter qu'il devienne général.

1. Eccli., xxxvii, 20.

grets, ne gaspillez pas le temps qui ne revient plus et
ne laisse rien après lui à ceux qui l'ont perdu que
des reproches amers.

» Enfin, soyez pieux, humbles, modestes, complaisants, et en mettant en pratique ces conseils, vous vous
tirerez toujours d'affaire, avec l'aide de Dieu.

» Mes enfants, tous les jours cette classe n'est-elle
pas un champ dans lequel M. l'instituteur, auquel vos
parents ont confié le soin de votre instruction et de
votre éducation, sème de bons préceptes, de bonnes
leçons ?

» Il ne faut pas que ces leçons soient perdues pour
aucun d'entre vous ; mais il faut qu'en tombant dans
votre esprit et dans votre cœur, elles soient comme le
bon grain qui, semé dans une terre fertile, porte du
fruit et rend cent pour un, comme la bonne terre dont
parle l'Evangile[1]. »

Histoire.

Le 11 janvier 1774, venait au monde à Nancy,
dans une famille de cette ville, vivant honnêtement du
métier de la boulangerie, un enfant qui s'appela Antoine Drouot,

1. Matthieu, XIII, 8.

Il vit, de bonne heure dans la maison paternelle un spectacle dont le souvenir ne s'effaça jamais de sa pensée : celui de sa religieuse famille, trouvant dans un travail quotidien fait avec ordre, union, activité et de grand cœur, l'aisance avec le contentement et la paix.

Plus tard, quand il comparait les diverses phases de sa carrière, il écrivait : « J'ai connu le véritable » bonheur dans l'obscurité, l'innocence et la pauvreté » de mes premières années. »

Le jeune Drouot s'était senti poussé à l'étude par un instinct très-précoce. Agé de trois ans seulement, il allait frapper à la porte des Frères des Écoles chrétiennes, et, comme on lui en refusait l'entrée parce qu'il était encore trop jeune, il pleurait. On le reçut enfin.

Ses parents, témoins de son application toute volontaire, lui permirent, avec l'âge, de fréquenter des leçons plus élevées, mais sans rien lui épargner des devoirs de leur maison et des exigences de leur profession.

Rentré de l'école ou du collége, il lui fallait porter le pain chez les clients, se tenir dans la chambre où se réunissait la famille, et subir, pendant qu'il faisait ses devoirs, tous les ennuis d'une perpétuelle distraction.

7...

Le soir, on éteignait la lumière de bonne heure par économie, et le pauvre écolier devenait ce qu'il pouvait, heureux lorsque la lune favorisait par un éclat le plus vif la prolongation de sa veillée.

On le voyait profiter ardemment de ces rares occasions. Dès les deux heures du matin, quelquefois plus tôt, il était debout; c'était le temps où le travail recommençait à la lueur d'une seule et mauvaise lampe. Il reprenait aussi le sien; mais la lampe, éteinte avant le jour, ne tardait point de lui manquer de nouveau; alors, il s'approchait du four ouvert et enflammé et continuait à cette lueur ardente la lecture de ses leçons.

Durant l'été de 1793, Drouot avait alors dix-neuf ans, cent quatre-vingts jeunes gens se pressaient à Châlons-sur-Marne, dans une des salles de l'école d'artillerie pour y passer l'examen.

Tout à coup la porte de la salle s'ouvre. On voit entrer une sorte de paysan, petit de taille, l'air ingénu, de gros souliers aux pieds et un bâton à la main. Un rire universel accueillit le nouveau venu. L'examinateur, le célèbre La Place, lui fait remarquer, croyant qu'il se trompe, que dans cette salle on fait passer les examens. Drouot répond qu'il vient précisément pour y subir le sien. Alors on lui permet de s'asseoir.

On attend avec impatience le tour du petit paysan.

Il arrive enfin. Dès les premières questions, La Place reconnaît une instruction qui le surprend. Il pousse l'examen au-delà de ses limites naturelles. Il pose à Drouot les questions les plus difficiles, et celui-ci y répond avec une clarté, une précision qui l'étonnent et le ravissent à un tel point qu'il l'embrasse devant tout le monde, et lui annonce qu'il sera porté en tête de la liste de tous ceux qui seront admis à l'école d'artillerie. Alors, l'école tout entière se lève et accompagne en triomphe dans la ville le fils du boulanger de Nancy.

Ce jeune homme si studieux devint dans la suite l'illustre général Drouot, que l'empereur appelait avec raison le *Sage de la grande armée*, et à qui il voulut léguer en mourant son épée, en témoignage de son estime et comme au plus digne de la porter après lui[1].

1. Après les événements de 1815, le général Drouot se retira à Nancy, où il vécut entouré de l'amour et de la vénération de ses concitoyens. Il ne se réserva sur le revenu annuel de sa pension de retraite et de son traitement de grand-croix de la légion d'honneur, qui s'élevait à douze mille francs, que deux mille quatre cents francs seulement pour suffire à toutes les nécessités de son existence et de sa position. Le surplus, il le consacrait à des actes de charité, au soulagement des pauvres et des malheureux qu'il assistait avec une libéralité infatigable. « Lorsque mes » ressources, disait-il, seront entièrement épuisées, je me présenterai à » l'hospice Saint-Julien pour occuper moi-même un des lits que j'y ai » fondés en faveur des vieux soldats. Si ce moment arrive, il ne sera » certainement pas le moins doux de ma vie. » Il mourut en 1847. La ville de Nancy lui a élevé une statue en 1855.

Souvenir de l'école.

Les enfants ne regardent pas ordinairement comme un bonheur d'aller à l'école. Ils aimeraient mieux s'amuser que d'être obligés de prendre un livre et de rester enfermés pendant plusieurs heures.

Mais la vie n'est pas donnée à l'homme pour jouer : il doit travailler. Tant que nous sommes enfants, nos parents travaillent pour nous donner du pain et des vêtements ; mais aussitôt que nous sommes capables, à notre tour, de faire quelque chose, il faut que chacun pense à soi et travaille pour gagner sa vie. C'est autrement pénible que d'apprendre sa leçon ou de faire son devoir.

Sous ce rapport, l'école est pour beaucoup d'enfants un bon apprentissage, puisqu'on les y envoie pour commencer à travailler.

Malgré les peines que peuvent avoir ces commencements, on peut dire que c'est encore le temps le plus heureux de l'existence. On ne connaît pas à cet âge les chagrins qui sont attachés à chaque condition, et qui font répandre souvent des larmes plus amères que celles qu'on verse quelquefois à l'école pour une légère punition qu'on a méritée ou une leçon un peu difficile à apprendre.

Alors on ne s'inquiète point du lendemain. Les parents pourvoient aux besoins du corps, les inquiétudes ni les soucis de la vie ne viennent pas altérer la sérénité du jeune âge, et les moments de tristesse dont l'enfance ni l'adolescence ne sont pas exemptes, sont bien vite dissipés. Un éclair de joie vient bientôt tarir les larmes.

Age heureux où tout fuit avec tant de vitesse,
Que du chagrin du soir rien ne reste au réveil !

Aussi on doit garder un bon souvenir de ce temps qui passe si rapidement, de ce temps où, si tout n'est pas couleur de rose, tout se ressent de l'insouciance heureuse des premières années, et où, en somme, dominent le contentement et le bonheur.

L'école, c'est la famille agrandie. On y partage les mêmes exercices, on y reçoit les leçons du même maître, on passe ensemble les mêmes journées.

Il est à souhaiter que les élèves d'une même école se sentent obligés les uns envers les autres ; qu'ils s'honorent mutuellement par une conduite irréprochable, n'oubliant jamais qu'ils ont fréquenté ensemble la même classe et qu'ils doivent, dans le cours de la vie, s'aider et se rendre service comme de fidèles amis et d'anciens camarades d'école.

Si tous ceux qui vont à l'école savaient en bien comprendre les avantages et les devoirs, le temps qu'ils y passent serait mieux employé, et le souvenir qu'ils en conserveraient serait aussi plus doux et plus durable.

Ce souvenir des premières années de la vie reste toujours plein de charme, quand ceux qui élèvent la jeunesse savent si bien lui aplanir les difficultés de l'étude, qu'on ne trouve avec des maîtres si bons et si dévoués que plaisir et intérêt à apprendre et à étudier.

Heureux les maîtres qui savent mériter un pareil souvenir!

SENTENCES MORALES

TIRÉES DE LA BIBLE

PIÉTÉ.

1. Vous adorerez le Seigneur votre Dieu et vous ne servirez que lui seul. (*Matt.* v, 10.)

2. Il faut s'humilier devant Dieu et attendre son secours. (*Eccli.*, XIII, 9.)

3. Le Seigneur est près de ceux qui gardent la voie de l'intégrité et de la justice. (*Eccli.*, XXXIV, 19.)

4. Recueillez votre âme avant la prière, et ne soyez pas comme quelqu'un qui tente Dieu. (*Eccli.*, XVIII, 23.)

5. Celui qui adore Dieu avec joie sera reçu favorablement, et sa prière atteindra jusqu'aux cieux. (*Eccli.*, XXXV, 20.)

6. Quelqu'un est-il triste ? qu'il prie ! (*Jacques*, v, 13.)

7. La crainte du Seigneur est le commencement de la sagesse. (*Psaume* CXI.)

ACTIVITÉ, DILIGENCE.

1. Celui qui ne veut pas travailler ne doit pas manger. (II *Thessal.*, 3.)

2. La vie de celui qui, en travaillant, gagne son nécessaire, ne sera pas sans contentement. Pour qui sait se borner, cette vie vaut un trésor. (*Eccli.*, XL, 18.)

3. La mendicité n'est douce que dans la bouche de quiconque a perdu toute honte. (*Eccli.*, XL, 32.)

4. Si on n'économise rien dans sa jeunesse, où trouvera-t-on des ressources dans sos vieux jours. (*Eccli.*, XXV, 5.)

5. Les pensées d'un homme diligent le mènent à l'abondance. (*Proverbes*, XXI, 5.)

6. N'aimez point le sommeil de peur de devenir pauvre; soyez sur pied de bonne heure et vous aurez du pain en quantité. (*Proverbes*, XX, 12.)

PURETÉ DE CŒUR

1. Heureux ceux qui ont le cœur pur, parce qu'ils verront Dieu. (*Matthieu*, v, 8.)

2. Qu'elles sont belles les âmes pures dans l'éclat de la jeunesse! leur souvenir ne se perd point; elles

demeurent en bénédiction devant Dieu et devant les hommes. (*Sagesse*, IV, 1.)

3. Les mauvaises pensées sont en abomination au Seigneur. (*Proverbes*, XV, 26.)

4. Celui qui n'est point chaste recueille la honte et le mépris, et sa flétrissure ne s'effacera jamais. (*Proverbes*, VI, 7.)

5. Que tout ce qui est vrai, honnête, juste, pur, aimable, de bonne renommée, vertueux, louable, occupe vos pensées. (*Philippiens*, IV, 8.)

6. Ne vous abusez point : les mauvais discours corrompent les bonnes mœurs. (I *Corinthiens*, XV, 33.)

7. Qu'aucune sorte d'impureté ou d'avarice ne soit nommée parmi vous, non plus que les paroles déshonnêtes, les causeries folles ou les plaisanteries malséantes. (*Éphés.*, V, 3-4.)

RESPECT ET OBÉISSANCE.

1. Ayez les uns pour les autres des prévenances réciproques. Rendez à tous ce qui leur est dû : l'honneur à qui l'honneur. (*Romains*, XII et XIII.)

2. Honorez votre père et votre mère afin que vous ayez une longue vie. (*Exode*, XX, 12.)

3. Il faut craindre Dieu et honorer le chef de l'État. (I *Pierre*, II, 17.)

4. Que les serviteurs soient soumis à leurs maîtres ; qu'ils s'appliquent à leur être agréables en toutes choses, et évitent de les contrarier. (*Épître à Tite, II, 9.*)

5. Qui honore sa mère est comme celui qui amasse un trésor. (*Eccli., III, 5.*)

DOUCEUR ET MODESTIE

1. Une parole douce apaise la colère. (*Proverbes, XV, 1.*)

2. Un discours gracieux est doux au cœur comme un rayon de miel. (*Proverbes, XVI, 4.*)

3. Il faut recevoir avec patience les contrariétés qui nous arrivent, et supporter avec douceur les afflictions. (*Eccli., II, 4.*)

4. Ne laissez jamais dominer l'orgueil dans vos pensées ou dans vos paroles : car c'est par l'orgueil que toute ruine a pris son commencement. (*Tobie, IV, 14.*)

PRIÈRE

Seigneur, en traits ineffaçables,
Dans mon cœur gravez votre loi ;
Rendez-moi vos leçons aimables,
Augmentez l'ardeur de ma foi !

TABLE DES MATIÈRES

SAINT-CLOUD. — IMPRIMERIE DE Mme Ve BELIN.